Backen

Parragon

Bath · New York · Singapore · Hong Kong · Cologne · Delhi · Melbourne

Parragon Books Ltd
Queen Street House
4 Queen Street
Bath BA1 1 HE, UK

Übersetzung aus dem Englischen: Isabel Bogdan, Coesfeld
Producing, Satz und Redaktion: Birgit Beyer, Print & Screen Productions, Köln
Realisation der deutschen Ausgabe: trans texas publishing, Köln

HINWEIS

Sind Zutaten in Löffelmengen angegeben, ist immer ein gestrichener Löffel gemeint. Ein Teelöffel entspricht 5 ml, ein Esslöffel 15 ml. Sofern nichts anderes angegeben ist, wird Vollmilch (3,5 % Fett) verwendet. Bei Eiern und einzelnen Gemüsesorten, z. B. Kartoffeln, verwenden Sie mittelgroße Exemplare. Pfeffer sollte stets frisch gemahlen werden. Sofern die Schale von Zitrusfrüchten benötigt wird, verwenden Sie unbedingt unbehandelte Früchte.

Kinder, ältere Menschen, Schwangere, Kranke und Rekonvaleszenten sollten auf Gerichte mit rohen oder nur leicht gegarten Eiern verzichten.

ISBN 978-1-4075-8339-6

Printed in China

Inhalt

Grußwort 4

Süße Verführer 6

Brote & Herzhaftes 62

Vegetarisch backen 138

Kuchen & Kleingebäck 160

Plätzchen & Schnitten 210

Register 256

ECKART WITZIGMANN

✷ KOCH DES JAHRHUNDERTS ✷

Eckart Witzigmann lebt und beherrscht die Kunst des Kochens seit nunmehr 45 Jahren. Weltweit gilt er als einer der renommiertesten Sterneköche, Kochbuchautoren und Gastronomie-Experten. „Koch des Jahrhunderts" ist nur eine von zahlreichen Auszeichnungen, die ihm über die Jahre im In- und Ausland verliehen wurden.

Liebe Leser,

mit dem Kauf dieses Buches haben Sie eine richtige Entscheidung getroffen – die Entscheidung, selbst zu kochen und sich mehr mit dem Thema Ernährung zu beschäftigen. Dazu kann ich Ihnen nur gratulieren und hoffe deshalb, dass dieses Buch Ihnen dabei ein wichtiger Wegbegleiter sein wird.

Zu all den hilfreichen Hinweisen, die Sie in diesem Buch finden, möchte ich Ihnen aber noch zwei weitere Ratschläge mit auf den Weg geben: Bitte denken Sie immer daran, dass noch kein Meister vom Himmel gefallen ist und nur die Übung eben diesen Meister macht. Ich selbst habe das im Laufe meiner eigenen Kochkarriere auch immer wieder feststellen müssen.

Sie werden nach einiger Zeit sicher bemerken, wie spannend Kochen sein kann, wie viel Spaß man damit haben kann und wie sehr Sie selbst zu Ihrem eigenen Wohlbefinden beitragen können.

In diesem Sinne wünsche ich Ihnen viel Erfolg am heimischen Herd und verbleibe in kulinarischer Verbundenheit

Ihr

EW

Eckart Witzigmann

ECKART WITZIGMANN

Süße Verführer

Ob als Nachspeise, süßes Hauptgericht oder kleine Nascherei zwischendurch – die hier vorgestellten Rezepte werden Ihnen wahre Gaumenfreuden bereiten, und Ihre Familie und Ihre Freunde werden beeindruckt sein. Überraschen Sie sie doch einfach einmal mit Evas Apfelauflauf, einem Kokoscremekuchen oder einem fruchtigen Königinnen-Dessert – Sie müssen danach ja niemandem verraten, wie einfach diese Kreationen zuzubereiten sind.

Zart, mürbe und auf der Zunge zergehend – bei vielen Backwaren liegt das Geheimnis des Erfolgs im Teig. Für einige Rezepte in diesem Kapitel wird Mürbeteig verwendet – behandeln Sie ihn stets sehr vorsichtig, und denken Sie daran, dass Sie ihn nicht kneten dürfen.

Wo in den Rezepten nur Mürbe- oder Blätterteig angegeben ist, können Sie auf Fertigprodukte zurückgreifen, die im Supermarkt in hervorragender Qualität erhältlich sind. Sie können damit bei der Zubereitung einiger Rezepte eine Menge Zeit und Mühe sparen.

Evas Apfelauflauf

Für 6 Personen

ZUTATEN

450 g Kochäpfel, geschält, entkernt und in Scheiben geschnitten
75 g Kristallzucker
1 EL Zitronensaft
50 g Sultaninen
75 g Butter
75 g feiner Zucker
1 Ei, verquirlt
150 g Mehl
$1^1/_2$ TL Backpulver
3 EL Milch
25 g gehobelte Mandeln
Vanillesauce oder Schlagsahne, zum Servieren

1 Eine Auflaufform (850 ml Inhalt) einfetten.

2 Äpfel, Kristallzucker, Zitronensaft und Sultaninen mischen und in die vorbereitete Form geben.

3 Butter und Zucker schaumig schlagen. Dann nach und nach das Ei zugeben.

4 Mehl und Backpulver mischen und vorsichtig unter die Buttermischung heben. Dann die Milch einrühren, bis ein weicher, flüssiger Teig entsteht.

5 Den Teig über die Äpfel gießen und mit den Mandeln bestreuen.

6 Den so vorbereiteten Auflauf in einem auf 180 °C vorgeheizten Ofen 40–45 Minuten goldbraun backen und noch heiß mit Vanillesauce oder Schlagsahne servieren.

TIPP

Für einen stärkeren Mandelgeschmack 25 g gemahlene Mandeln mit dem Mehl in Schritt 4 vermengen.

Königinnen-Dessert

Für 8 Personen

ZUTATEN

600 ml Milch
25 g Butter
225 g feiner Zucker
fein abgeriebene Schale von 1 Orange
4 Eier, getrennt
75 g Semmelbrösel
1 Prise Salz
6 EL Orangenmarmelade

1 Eine Auflaufform (1,5 l Inhalt) einfetten.

2 Milch, Butter, 50 g Zucker und die Orangenschale in einem Topf erwärmen.

3 Das Eigelb in einer Schüssel verquirlen. Die Milchmischung unter ständigem Rühren nach und nach zugeben.

4 Anschließend die Semmelbrösel einrühren. Die fertige Creme in die vorbereitete Form geben und 15 Minuten ruhen lassen.

5 Die Creme in einem auf 180 °C vorgeheizten Ofen 20–25 Minuten backen, bis sie stockt. Dann aus dem Ofen nehmen, den Ofen aber nicht ausschalten.

6 Das Eiweiß salzen und steif schlagen. Nach und nach den restlichen Zucker unterrühren.

7 Die Orangenmarmelade auf der gebackenen Creme verteilen. Den Eischnee darübergeben, sodass Creme und Marmelade gänzlich bedeckt sind.

8 Das Dessert weitere 20 Minuten in dem noch warmen Ofen backen, bis der Eischnee knusprig und leicht gebräunt ist.

3

6

7

Brotauflauf

Für 6 Personen

ZUTATEN

200 g Weißbrot, in Scheiben geschnitten
50 g weiche Butter
25 g Sultaninen
25 g gemischtes Zitronat und Orangeat
600 ml Milch
4 Eigelb
75 g feiner Zucker
1/2 TL Mixed Spice (s. Tipp S. 78), ersatzweise Piment

1 Eine Auflaufform (1,2 l Inhalt) einfetten.

2 Die Brotkruste nach Belieben entfernen. Das Brot mit Butter bestreichen und vierteln.

3 Die Hälfte der Brotviertel in die vorbereitete Form geben. Dann die Hälfte der Sultaninen, des Zitronats und des Orangeats darüberstreuen.

4 Die restlichen Brotscheiben über die erste Brotschicht legen und mit den übrigen Früchten bestreuen.

5 Für die Creme die Milch stark erhitzen aber nicht aufkochen lassen. Eigelb und Zucker in einer Schüssel schaumig schlagen und mit der warmen Milch vermengen.

6 Die fertige Mischung durch ein Sieb seihen und über die Brotscheiben gießen.

7 Den Auflauf 30 Minuten ruhen lassen, dann mit Mixed Spice oder Piment bestreuen.

8 Die Auflaufform in einen flachen, zur Hälfte mit heißem Wasser gefüllten Bräter stellen.

9 Auflaufform und Bräter in einen auf 200 °C vorgeheizten Ofen schieben. Den Auflauf 40–45 Minuten darin backen, bis die Creme stockt. Dann aus dem Ofen nehmen und noch warm servieren.

2

5

6

Pflaumennockerln

Für 6 Personen

ZUTATEN

1 kg Pflaumen, entsteint und in Scheiben geschnitten
100 g feiner Zucker
1 EL Zitronensaft
250 g Mehl
75 g Kristallzucker
2 TL Backpulver
1 Ei, verquirlt
150 ml Buttermilch
75 g Butter, zerlassen und abgekühlt
Schlagsahne, zum Servieren

1 Eine Auflaufform (2 l Inhalt) leicht einfetten.

2 Pflaumen, feinen Zucker, Zitronensaft und 25 g Mehl vermengen.

3 Die so entstandene Mischung in die vorbereitete Form geben.

4 Das restliche Mehl, den Kristallzucker und das Backpulver in einer Schüssel vermengen.

5 Ei, Buttermilch sowie Butter zugeben und alles vorsichtig unterrühren, bis ein glatter Teig entsteht.

6 Den Teig löffelweise über die Pflaumenmischung geben, bis diese fast bedeckt ist.

7 Die Pflaumennockerln in einem auf 190 °C vorgeheizten Ofen etwa 35–40 Minuten goldbraun backen und noch heiß mit einer Portion Schlagsahne servieren.

TIPP

Die Buttermilch kann durch saure Sahne ersetzt werden.

Brombeerauflauf

Für 4 Personen

ZUTATEN

450 g Brombeeren
75 g feiner Zucker
1 Ei
75 g brauner Zucker
75 g Butter, zerlassen
125 ml Milch
125 g Mehl
1¼ TL Backpulver

1 Eine Auflaufform (850 ml Inhalt) einfetten.

2 Die Brombeeren und den feinen Zucker in einer großen Schüssel vorsichtig, aber gründlich vermengen.

3 Die so entstandene Mischung in die vorbereitete Form geben.

4 Das Ei und den braunen Zucker verquirlen. Dann die Butter und die Milch einrühren.

5 Mehl und Backpulver vermengen, in die Milchmischung sieben und alles vorsichtig zu einem glatten Teig verarbeiten.

6 Den Teig über die gezuckerten Brombeeren gießen, sodass die Früchte ganz bedeckt sind.

7 Den so vorbereiteten Auflauf in einem auf 180 °C vorgeheizten Ofen 25–30 Minuten goldbraun backen.

8 Mit ein wenig Zucker bestäuben und noch heiß servieren.

VARIATION

Für einen leichten Schokogeschmack den Teig in Schritt 5 mit 2 Esslöffeln Kakao vermengen.

Himbeertürmchen

Für 8 Personen

ZUTATEN

175 g Mehl
2 TL Backpulver
100 g Butter, in kleinen Stückchen
75 g feiner Zucker

1 Eigelb
1 EL Rosenwasser
225 g Himbeeren
600 ml Sahne, leicht geschlagen

ZUM DEKORIEREN:
Puderzucker
Himbeeren
frische Minzeblätter

1 2 Backbleche leicht einfetten.

2 Für den Mürbeteig Mehl und Backpulver in eine Schüssel sieben.

3 Die Butter mit den Fingern in der Mehlmischung verreiben, bis ein krümeliger Teig entsteht.

4 Zucker, Eigelb und Rosenwasser einrühren und alles zu einem weichen Teig verarbeiten. Den Teig in 2 Hälften teilen.

5 Beide Teighälften zu Kreisen von etwa 20 cm Durchmesser ausrollen, auf die vorbereiteten Backbleche legen und an den Rändern leicht einkräuseln.

6 Die Teigkreise in einem auf 190 °C vorgeheizten Ofen 15 Minuten backen, bis sie leicht gebräunt sind. Dann auf einem Rost abkühlen lassen.

7 Die Himbeeren unter die Sahne heben und die Mischung auf einen der Kuchenböden streichen. Den anderen Boden darüberlegen und mit etwas Puderzucker bestreuen. Mit einigen Himbeeren und Minzeblättern dekorieren.

TIPP

Die Böden können einige Tage zuvor gebacken und in einem luftdichten Behälter gelagert werden.

Pavlova

Für 6 Personen

ZUTATEN

3 Eiweiß
1 Prise Salz
175 g feiner Zucker

300 ml Sahne, leicht geschlagen

frische Früchte nach Wahl (z. B. Himbeeren, Erdbeeren, Pfirsiche, Maracujas und Physalis) zum Dekorieren

1 Ein Backblech mit Backpapier auslegen.

2 Das Eiweiß salzen und steif schlagen.

3 Nach und nach den Zucker unterrühren.

4 Drei Viertel des Eischnees in Form eines Kreises von etwa 20 cm Durchmesser auf das Backblech streichen.

5 Den restlichen Eischnee löffelweise auf den Rand des Kreises geben, sodass ein Nest entsteht.

6 Das Eischneenest in einem auf 140 °C vorgeheizten Ofen 75 Minuten backen.

7 Den Ofen abschalten, aber die Pavlova nicht herausnehmen, sondern im Ofen ganz abkühlen lassen.

8 Die Pavlova auf eine Kuchenplatte legen. Mit der geschlagenen Sahne bestreichen und mit der Früchtemischung dekorieren.

TIPP

Die Pavlova kann gut am Abend gebacken werden und über Nacht im Ofen auskühlen.

Feuchte Schokotörtchen

Für 6 Personen

ZUTATEN

125 g weiche Butter
150 g brauner Zucker
3 Eier, verquirlt
1 Prise Salz
25 g Kakaopulver
125 g Mehl
1¼ TL Backpulver
25 g Zartbitterschokolade, fein gehackt
75 g weiße Schokolade, fein gehackt

SAUCE:
150 ml Sahne
75 g brauner Zucker
25 g Butter

1 6 kleine feuerfeste Backförmchen (175 ml Inhalt) leicht einfetten.

2 Butter und Zucker schaumig schlagen. Nach und nach die Eier zugeben.

3 Salz, Kakaopulver, Mehl und Backpulver in die Mischung sieben und unterheben. Dann die Schokolade gleichmäßig einrühren.

4 Die fertige Mischung auf die vorbereiteten Förmchen verteilen und mit leicht eingefetteter, am Förmchenrand angedrückter Alufolie abdecken.

5 Die Förmchen in einen flachen Bräter stellen. Diesen bis auf die halbe Höhe der Förmchen mit heißem Wasser füllen.

6 Die Törtchen in einem auf 180 °C vorgeheizten Ofen 50 Minuten backen, bis ein in die Mitte gestochener Metallspieß sauber bleibt. Die Förmchen aus dem Bräter nehmen und beiseitestellen.

7 Für die Sauce Sahne, Zucker und Butter bei geringer Hitze in einer Pfanne zum Kochen bringen. Dann so lange leicht köcheln lassen, bis der Zucker aufgelöst ist.

8 Die Törtchen auf Teller stürzen, die Sauce darübergießen und sofort servieren.

Schokorolle

Für 8 Personen

ZUTATEN

150 g Zartbitterschokolade, grob gehackt
3 EL Wasser
5 Eier, getrennt
175 g feiner Zucker
25 g Rosinen, gehackt
25 g Pekannüsse, gehackt
1 Prise Salz
Puderzucker, zum Bestäuben
300 ml Sahne, leicht geschlagen

1 Eine flache Backform (30 cm x 20 cm) einfetten und mit Backpapier auslegen.

2 Die Schokolade mit dem Wasser in einem kleinen Topf vorsichtig schmelzen. Dann etwas abkühlen lassen.

3 Eigelb und Zucker 2–3 Minuten verschlagen, bis eine dickflüssige Creme entsteht. Dann Schokolade, Rosinen und Pekannüsse unterrühren.

4 Das Eiweiß salzen und steif schlagen. Erst ein Viertel des Eischnees, dann den Rest nach und nach unter die Schokoladenmischung heben.

5 Den so entstandenen Teig in die vorbereitete Form füllen und in einem auf 180 °C vorgeheizten Ofen 25 Minuten backen, bis er eben fest geworden ist. Kurz abkühlen lassen, dann mit Backpapier und einem feuchten, sauberen Geschirrtuch abdecken und ganz abkühlen lassen.

6 Den Teig auf ein zweites, mit Puderzucker bestäubtes Stück Backpapier stürzen. Das obere Papier entfernen.

7 Die Sahne auf dem Teig verstreichen. Von einer kurzen Seite aus den Teig vom Körper weg einrollen. Dabei das Papier zu Hilfe nehmen. Die Enden der fertigen Rolle gerade schneiden, die Rolle auf eine Kuchenplatte legen und bis zum Verzehr kalt stellen. Nach Belieben mit Puderzucker bestäuben.

Früchtebeutel

Für 8 Personen

ZUTATEN

TEIG:
175 g Mehl
100 g Butter, in kleinen Stückchen
1 EL Wasser
1 Ei, getrennt

FÜLLUNG:
600 g frische Früchte, geputzt (z. B. Rhabarber, Stachelbeeren oder Pflaumen)
75 g brauner Zucker
1 EL gemahlener Ingwer

Würfelzucker, zerstoßen, zum Bestreuen

1 Ein großes Backblech einfetten.

2 Für den Teig das Mehl in eine Schüssel sieben. Die Butter mit den Fingern darin verreiben. Das Wasser zugeben und alles zu einem weichen Teig verarbeiten. In Frischhaltefolie wickeln und 30 Minuten kalt stellen.

3 Den gekühlten Teig zu einem Kreis mit einem Durchmesser von etwa 35 cm ausrollen.

4 Den Teigkreis auf das vorbereitete Backblech legen und mit dem Eigelb bestreichen.

5 Für die Füllung die vorbereiteten Früchte mit Zucker und Ingwer mischen und auf die Mitte des Teigs geben.

6 Den Teig rundum einschlagen. Die Oberfläche mit Eiweiß bestreichen und gleichmäßig mit den Würfelzuckerstückchen bestreuen.

7 Den so vorbereiteten Früchtebeutel in einem auf 200 °C vorgeheizten Ofen 35 Minuten goldbraun backen und noch warm servieren.

2

4

6

Obststreusel

Für 8 Personen

ZUTATEN

TEIG:
150 g Mehl
25 g feiner Zucker
125 Butter, in kleinen Stückchen
1 EL Wasser

FÜLLUNG:
250 g Himbeeren
450 g Pflaumen, entsteint und in Spalten geschnitten
3 EL brauner Kristallzucker

STREUSEL:
125 g Mehl
75 g brauner Kristallzucker
100 g Butter, in kleinen Stückchen
100 g gemischte Nüsse, gehackt
1 TL gemahlener Zimt

Schlagsahne, zum Servieren

1 Für den Teig Mehl und Zucker in eine Schüssel geben. Die Butter mit den Fingern in dieser Mischung verreiben. Wasser zufügen und alles zu einem weichen Teig verarbeiten. Diesen in Frischhaltefolie wickeln und 30 Minuten kalt stellen.

2 Den gekühlten Teig ausrollen und in eine Springform (24 cm Ø) einpassen. Mit einer Gabel einstechen und erneut 30 Minuten kalt stellen.

3 Für die Füllung Himbeeren, Pflaumen und Zucker mischen und auf dem Teig in der Springform verteilen.

4 Für die Streusel Mehl, Zucker und Butter mit den Fingern vermengen, bis eine krümelige Mischung entsteht. Dann Nüsse und Zimt zugeben.

5 Die Streusel über die Früchte streuen und den so vorbereiteten Kuchen in einem auf 200 °C vorgeheizten Ofen 20–25 Minuten goldbraun backen. Abkühlen lassen und mit Schlagsahne servieren.

Warmer Apfel-Käse-Kuchen

Für 8 Personen

ZUTATEN

175 g Mehl
3 TL Backpulver
1 Prise Salz
75 g brauner Zucker
100 g Datteln, entsteint und gehackt
500 g Äpfel, entkernt und gehackt
50 g Walnüsse, gehackt
50 ml Sonnenblumenöl
2 Eier
175 g geriebener Emmentaler, ersatzweise geriebener milder Gouda

1 Eine Springform (24 cm Ø) einfetten und mit Backpapier auslegen.

2 Mehl, Backpulver und Salz in eine Schüssel sieben. Zucker, Datteln, Äpfel und Walnüsse zugeben und alles gut verrühren.

3 Öl und Eier verquirlen und gut mit den anderen Zutaten mischen.

4 Die Hälfte des so entstandenen Kuchenteigs in die vorbereitete Form füllen und die Oberfläche glatt streichen.

5 Den eingefüllten Teig mit dem Käse bestreuen. Den restlichen Teig darüber verteilen und ebenfalls glatt streichen.

6 Den Kuchen in einem auf 180 °C vorgeheizten Ofen 45–50 Minuten goldbraun backen.

7 In der Form etwas abkühlen lassen und noch warm servieren.

TIPP

Eventuelle Reste können im Kühlschrank gelagert und vor dem Verzehr aufgewärmt werden.

Tarte Tatin

Für 8 Personen

ZUTATEN

125 g Butter
125 g feiner Zucker
4 Äpfel, entkernt und geviertelt

250 g Mürbeteig, TK-Ware, aufgetaut

Crème fraîche, zum Servieren

1 Butter und Zucker in einer hitzebeständigen Pfanne (24 cm Ø) bei mittlerer Hitze etwa 5 Minuten erwärmen, bis die Mischung karamellisiert. Dann sofort vom Herd nehmen.

2 Die Apfelviertel mit der Schale nach unten in die Pfanne legen. (Vorsicht, sie ist sehr heiß!) Die Pfanne wieder auf den Herd stellen und die Äpfel 2 Minuten köcheln lassen.

3 Den Teig auf einer leicht bemehlten Arbeitsfläche zu einem Kreis ausrollen, der etwas größer als die Pfanne ist.

4 Den Teig auf die Äpfel legen, leicht andrücken und die Enden so einschlagen, dass die Äpfel gut bedeckt sind.

5 Die Tarte in einem auf 200 °C vorgeheizten Ofen 20–25 Minuten goldbraun backen. Aus dem Ofen nehmen und 10 Minuten abkühlen lassen.

6 Die Pfanne mit einem Teller abdecken und umdrehen. Der Teig bildet nun den Boden der gestürzten Tarte. Warm mit Crème fraîche servieren.

VARIATION

Die Äpfel können durch Birnen ersetzt werden: Die Birnen mit der Schale vierteln und die Kerngehäuse entfernen.

Sirup-Sahne-Kuchen

Für 8 Personen

ZUTATEN

250 g Mürbeteig, TK-Ware, aufgetaut
350 g heller Sirup
125 g frische Semmelbrösel
125 ml Sahne
fein abgeriebene Schale von ½ Zitrone oder Orange
2 EL Zitronen- oder Orangensaft
Vanillesauce, zum Servieren

1 Den Teig ausrollen und in eine Springform (20 cm Ø) einpassen; einen Teil des Teigs für die Dekoration zurückbehalten. Den in die Form eingepassten Teig mehrmals mit einer Gabel einstechen. Dann kalt stellen.

2 Mit einem scharfen Messer oder einer kleinen Ausstechform beliebige Figuren wie Blätter, Herzen oder Sterne als Dekoration aus dem zurückbehaltenen Teig formen.

3 Sirup, Semmelbrösel, Sahne, Zitronen- oder Orangenschale und Zitronen- oder Orangensaft in einer Schüssel verrühren.

4 Die so entstandene Mischung auf den abgekühlten Teig in die Form geben und die Oberfläche rundum mit den vorbereiteten Figuren belegen.

5 Den Kuchen in einem auf 190 °C vorgeheizten Ofen 35–40 Minuten backen, bis die Füllung fest geworden ist.

6 Den fertigen Kuchen abkühlen lassen, aus der Form nehmen und mit Vanillesauce servieren.

VARIATION

Mit dem zurückbehaltenen Teig können Sie auch ein Gittermuster gestalten.

Warmer Apfel-Mincemeat-Kuchen

Für 8 Personen

ZUTATEN

TEIG:
150 g Mehl
25 g feiner Zucker
125 g Butter, in kleinen Stückchen
1 EL Wasser

FÜLLUNG:
3 Äpfel, entkernt
1 EL Zitronensaft
400 g Mincemeat (in britischen Lebensmittelgeschäften oder über das Internet erhältlich)
40 g heller Sirup
40 g Butter

1 Für den Teig Mehl und Zucker in eine Schüssel geben. Die Butter mit den Fingern in der Mischung verreiben.

2 Das Wasser zufügen und alles zu einem weichen Teig verarbeiten. Den Teig in Frischhaltefolie wickeln und 30 Minuten kalt stellen.

3 Den Teig auf einer leicht bemehlten Arbeitsfläche ausrollen und in eine Springform (24 cm Ø) einpassen. Anschließend mit einer Gabel einstechen und erneut 30 Minuten kalt stellen.

4 Den Teig mit Alufolie und Backbohnen bedecken und in einem auf 190 °C vorgeheizten Ofen 15 Minuten blind backen. Folie und Bohnen entfernen und den Teig weitere 15 Minuten backen.

5 Die Äpfel reiben, mit Zitronensaft und Mincemeat mischen und auf dem Teig verteilen.

6 Sirup und Butter schmelzen und über die Mincemeat-Mischung gießen.

7 Den Kuchen erneut in den Ofen stellen und weitere 20 Minuten backen, bis die Füllung fest geworden ist. Noch warm servieren.

VARIATION

Mincemeat mit 2 Esslöffeln Sherry würzen.

Sahnekuchen

Für 8 Personen

ZUTATEN

TEIG:
150 g Mehl
25 g feiner Zucker
125 g Butter, in kleinen Stückchen
1 EL Wasser

FÜLLUNG:
3 Eier
150 ml Sahne
150 ml Milch
frisch geriebene Muskatnuss

Schlagsahne, zum Servieren (nach Belieben)

1 Für den Teig Mehl und Zucker in eine Schüssel geben. Die Butter mit den Fingern in der Mischung verreiben.

2 Das Wasser zufügen und alles zu einem weichen Teig verarbeiten. Den Teig in Frischhaltefolie wickeln und 30 Minuten kalt stellen.

3 Den abgekühlten Teig auf einer leicht bemehlten Arbeitsfläche zu einem Kreis von etwas mehr als 24 cm Durchmesser ausrollen.

4 Den Teig in eine Springform (24 cm Ø) einpassen. Die überstehenden Enden entfernen, den Boden mit einer Gabel einstechen und erneut 30 Minuten kalt stellen.

5 Den Teig nun mit Alufolie und Backbohnen bedecken.

6 Den bedeckten Teig in einem auf 190 °C vorgeheizten Ofen 15 Minuten blind backen. Folie und Bohnen entfernen, und den Teig weitere 15 Minuten backen.

7 Für die Füllung Eier, Sahne, Milch und Muskatnuss verquirlen. Die Füllung auf dem Teig verteilen und den Kuchen 25–30 Minuten backen, bis die Füllung stockt. Den fertigen Kuchen auskühlen lassen und nach Belieben mit Schlagsahne servieren.

Zitronenkuchen

Für 8 Personen

ZUTATEN

TEIG:
150 g Mehl
25 g feiner Zucker
125 g Butter, in kleinen Stückchen
1 EL Wasser

FÜLLUNG:
150 ml Sahne
100 g feiner Zucker
4 Eier
abgeriebene Schale von 3 Zitronen
12 EL Zitronensaft
Puderzucker, zum Bestäuben

1 Für den Teig Mehl und Zucker in eine Schüssel geben. Die Butter mit den Fingern in der Mischung verreiben. Das Wasser zufügen und alles zu einem weichen Teig verarbeiten. Den Teig in Frischhaltefolie wickeln und 30 Minuten kalt stellen.

2 Den Teig auf einer leicht bemehlten Arbeitsfläche ausrollen und in eine Springform (24 cm Ø) einpassen. Anschließend mit einer Gabel einstechen und weitere 30 Minuten kalt stellen.

3 Den Teig mit Alufolie und Backbohnen bedecken und in einem auf 190 °C vorgeheizten Ofen 15 Minuten blind backen. Folie und Bohnen entfernen und den Teig weitere 15 Minuten backen.

4 Für die Füllung Sahne, Zucker, Eier, Zitronenschalen und Saft verquirlen. Die fertige Mischung auf dem Teig in der Springform verteilen und die Form auf ein Backblech stellen.

5 Den so vorbereiteten Kuchen 20 Minuten backen, bis die Füllung stockt. Anschließend abkühlen lassen und vor dem Servieren mit Puderzucker bestäuben.

1

2

4

Orangenkuchen

Für 6–8 Personen

ZUTATEN

TEIG:
150 g Mehl
25 g feiner Zucker
125 g Butter, in kleinen Stückchen
1 EL Wasser

FÜLLUNG:
abgeriebene Schale von 2 Orangen
135 ml Orangensaft
50 g frische Semmelbrösel
2 EL Zitronensaft
150 ml Sahne
50 g Butter
50 g feiner Zucker
2 Eier, getrennt
Salz

1 Für den Teig Mehl und Zucker in eine Schüssel geben. Die Butter mit den Fingern in der Mischung verreiben. Wasser zufügen und alles zu einem weichen Teig verarbeiten. Den Teig in Frischhaltefolie wickeln und 30 Minuten kalt stellen.

2 Den Teig in eine Springform (24 cm Ø) einpassen. Mit einer Gabel einstechen und erneut 30 Minuten kalt stellen.

3 Den Teig mit Alufolie und Backbohnen bedecken und in einem auf 190 °C vorgeheizten Ofen 15 Minuten blind backen. Folie und Bohnen entfernen und den Teig weitere 15 Minuten backen.

4 Für die Füllung Orangenschale, -saft und Semmelbrösel in einer Schüssel mischen. Zitronensaft und Sahne zugießen. Butter und Zucker in einem kleinen Topf vorsichtig erhitzen, bis sich der Zucker auflöst. Vom Herd nehmen, Eigelb, 1 Prise Salz und die Zitrusmischung einrühren.

5 Das Eiweiß mit 1 Prise Salz steif schlagen und unter die Zitrusmischung heben. Die Füllung auf dem Teig verteilen. In einem auf 170 °C vorgeheizten Ofen 45 Minuten backen, bis die Füllung fest wird. Kurz abkühlen lassen und warm servieren.

Kokoscremekuchen

Für 6–8 Personen

ZUTATEN

TEIG:
150 g Mehl
25 g feiner Zucker
125 g Butter, in kleinen Stückchen
1 EL Wasser

FÜLLUNG:
425 ml Milch
125 g Kokoscreme
3 Eigelb
125 g feiner Zucker
50 g Mehl, gesiebt
25 g Kokosraspel
25 g kandierte Ananas, gehackt
2 EL Rum oder Ananassaft
300 ml Sahne, geschlagen

ZUM DEKORIEREN:
kandierte Ananas
Schlagsahne

1 Für den Teig Mehl und Zucker in eine Schüssel geben. Die Butter mit den Fingern in der Mischung verreiben. Wasser zufügen und alles zu einem weichen Teig verarbeiten. Den Teig in Frischhaltefolie wickeln und 30 Minuten kalt stellen.

2 Den Teig ausrollen, in eine Springform (24 cm Ø) einpassen, mit einer Gabel einstechen und erneut 30 Minuten kalt stellen. Dann mit Alufolie und Backbohnen bedecken und in einem auf 190 °C vorgeheizten Ofen 15 Minuten blind backen. Folie und Bohnen entfernen und den Teig weitere 15 Minuten backen. Dann abkühlen lassen.

3 Für die Füllung Milch und Kokoscreme unter Rühren erhitzen, bis die Kokoscreme schmilzt.

4 Eigelb und Zucker schaumig schlagen. Mehl einstreuen, Kokosmilch einrühren, die Mischung wieder auf den Herd stellen, 8 Minuten unter Rühren einkochen und abkühlen lassen.

5 Kokosraspel, Ananas und Rum einrühren. Die Mischung auf dem Teig verteilen, mit Schlagsahne bestreichen, dekorieren und kalt stellen.

Käsekuchen mit Pinienkernen

Für 8 Personen

ZUTATEN

TEIG:
150 g Mehl
25 g feiner Zucker
125 g Butter, in kleinen Stückchen
1 EL Wasser

FÜLLUNG:
350 g Quark
4 EL Sahne
3 Eier
125 g feiner Zucker
abgeriebene Schale von 1 Orange

100 g Pinienkerne

Puderzucker, zum Bestäuben

1 Für den Teig Mehl und Zucker in eine Schüssel geben. Die Butter mit den Fingern in der Mischung verreiben. Das Wasser zufügen und alles zu einem weichen Teig verarbeiten. Den Teig in Frischhaltefolie wickeln und 30 Minuten kalt stellen.

2 Den Teig auf einer leicht bemehlten Arbeitsfläche ausrollen und in eine Springform (24 cm Ø) einpassen. Mit einer Gabel einstechen und erneut 30 Minuten kalt stellen.

3 Den Teig mit Alufolie und Backbohnen bedecken und in einem auf 190 °C vorgeheizten Ofen 15 Minuten blind backen. Folie und Backbohnen entfernen und den Teig weitere 15 Minuten backen.

4 Für die Füllung Quark, Sahne, Eier, Zucker, Orangenschale und die Hälfte der Pinienkerne vermengen. Die Mischung auf dem Teigboden verteilen und mit den restlichen Pinienkernen bestreuen.

5 Den so vorbereiteten Kuchen in einem auf 170 °C vorgeheizten Ofen 35 Minuten backen, bis die Füllung fest geworden ist. Aus dem Ofen nehmen, abkühlen lassen und vor dem Servieren mit Puderzucker bestäuben.

Nusskuchen

Für 8 Personen

ZUTATEN

TEIG:
- 150 g Mehl
- 25 g feiner Zucker
- 125 g Butter, in kleinen Stückchen
- 1 EL Wasser

FÜLLUNG:
- 75 g Butter
- 50 g feiner Zucker
- 75 g fester Honig
- 200 ml Sahne
- 1 Ei, verquirlt
- 200 g gemischte Nüsse
- 200 g Zitronat und Orangeat

1 Für den Teig Mehl und Zucker in eine Schüssel geben. Die Butter mit den Fingern in der Mischung verreiben. Das Wasser zufügen und alles zu einem weichen Teig verarbeiten. Den Teig in Frischhaltefolie wickeln und 30 Minuten kalt stellen.

2 Den abgekühlten Teig auf einer leicht bemehlten Arbeitsfläche ausrollen und in eine Springform (24 cm Ø) einpassen. Mit einer Gabel einstechen und erneut 30 Minuten kalt stellen.

3 Den Teig mit Alufolie und Backbohnen bedecken und in einem auf 190 °C vorgeheizten Ofen 15 Minuten blind backen. Folie und Bohnen entfernen und den Teig weitere 15 Minuten backen.

4 Für die Füllung Butter, Zucker und Honig erhitzen, bis sich der Zucker aufgelöst hat. Sahne und Ei zugeben, dann Nüsse, Zitronat und Orangeat zugeben. Die Mischung unter ständigem Rühren 2 Minuten bei geringer Hitze kochen, bis sie eine blassgoldene Farbe angenommen hat.

5 Die Füllung auf dem vorbereiteten Teig verteilen und alles 15–20 Minuten backen, bis die Füllung stockt. Den fertigen Kuchen vor dem Servieren abkühlen lassen.

Aprikosen-Preiselbeer-Kuchen

Für 8–10 Personen

ZUTATEN

TEIG:
150 g Mehl
25 g feiner Zucker
125 g Butter, in kleinen Stückchen
1 EL Wasser

FÜLLUNG:
200 g Butter
200 g feiner Zucker
1 Ei
2 Eigelb
40 g Mehl, gesiebt
175 g gemahlene Mandeln
4 EL Sahne

400 g Aprikosenhälften aus der Dose, abgetropft
125 g frische Preiselbeeren

1 Für den Teig Mehl und Zucker in eine Schüssel geben. Die Butter mit den Fingern in der Mischung verreiben. Wasser zufügen und alles zu einem weichen Teig verarbeiten. Den Teig in Frischhaltefolie wickeln und 30 Minuten kalt stellen.

2 Den Teig in eine Springform (24 cm Ø) einpassen. Mit einer Gabel einstechen und erneut 30 Minuten kalt stellen.

3 Den Teig mit Alufolie und Backbohnen bedecken und in einem auf 190 °C vorgeheizten Ofen 15 Minuten blind backen. Folie und Bohnen entfernen und den Teig weitere 15 Minuten backen.

4 Butter und Zucker schaumig schlagen. Ei und Eigelb zugeben, dann Mehl, Mandeln und Sahne einrühren.

5 Aprikosen und Preiselbeeren auf dem Teig verteilen. Die Sahnemischung mit einem Löffel darübergeben.

6 Alles 1 Stunde backen, bis die Füllung stockt. Kurz abkühlen lassen und warm oder kalt servieren.

Mandelkuchen mit weißer Schokolade

Für 8 Personen

ZUTATEN

TEIG:
150 g Mehl
25 g feiner Zucker
125 g Butter, in kleinen Stückchen
1 EL Wasser

FÜLLUNG:
150 g heller Sirup
50 g Butter
75 g brauner Zucker
3 Eier, leicht verquirlt
100 g geschälte Mandeln, grob gehackt
100 g weiße Schokolade, grob gehackt

Schlagsahne, zum Servieren (nach Belieben)

1 Für den Teig Mehl und Zucker in eine Schüssel geben. Die Butter mit den Fingern in der Mischung verreiben. Wasser zufügen und alles zu einem weichen Teig verarbeiten. Den Teig in Frischhaltefolie wickeln und 30 Minuten kalt stellen.

2 Den Teig auf einer leicht bemehlten Arbeitsfläche ausrollen und in eine Springform (24 cm Ø) einpassen. Mit einer Gabel einstechen und erneut 30 Minuten kalt stellen. Dann mit Alufolie und Backbohnen bedecken und in einem auf 190 °C vorgeheizten Ofen 15 Minuten blind backen. Folie und Bohnen entfernen und den Teig weitere 15 Minuten backen.

3 Für die Füllung Sirup, Butter und Zucker in einem kleinen Topf erhitzen, bis sich der Zucker aufgelöst hat. Vom Herd nehmen und leicht abkühlen lassen. Dann Eier, Mandeln und Schokolade einrühren.

4 Die Schoko-Mandel-Mischung auf den vorbereiteten Kuchenboden geben. 30–35 Minuten backen, bis die Füllung gerade fest geworden ist. Den fertigen Kuchen erst etwas abkühlen lassen, dann aus der Form nehmen und nach Belieben mit Schlagsahne servieren.

Mincemeat-Trauben-Tasche

Für 4 Personen

ZUTATEN

500 g Blätterteig, TK-Ware aufgetaut
410 g Mincemeat (s. S. 36)
100 g Trauben, halbiert und entkernt
1 Ei, verquirlt, zum Bestreichen
brauner Kristallzucker, zum Bestreuen

1 Ein Backblech leicht einfetten.

2 Den Teig auf einer leicht bemehlten Arbeitsfläche ausrollen und in 2 Rechtecke teilen.

3 Ein Teigrechteck auf das vorbereitete Backblech legen und die Ränder mit Wasser bestreichen.

4 Mincemeat und Trauben in einer Schüssel vermengen und die Mischung auf das auf dem Backblech liegende Teigstück verteilen; dabei einen Rand von 2½ cm lassen.

5 Das zweite Teigstück längs falten und entlang der Faltkante mehrere Male schräg einschneiden; dabei einen Rand von etwa 2½ cm stehen lassen.

6 Das so vorbereitete Teigstück wieder aufklappen, über das belegte Rechteck auf dem Backblech legen und die aufeinanderliegenden Ränder gut zusammendrücken.

7 Die Teigränder leicht einkräuseln. Die Teigoberfläche mit dem Ei bestreichen und mit Kristallzucker bestreuen.

8 Die so vorbereitete Tasche in einem auf 220 °C vorgeheizten Ofen 15 Minuten backen. Dann die Hitze auf 180 °C reduzieren und die Tasche weitere 30 Minuten goldbraun backen. Auf einen Rost legen und vor dem Servieren abkühlen lassen.

TIPP

Das Mincemeat mit 2 Esslöffeln Sherry vermengen.

Birnennester

Ergibt 6 Stück

ZUTATEN

250 g Blätterteig, TK-Ware aufgetaut
25 g brauner Zucker
25 g Butter
1 EL kandierter Ingwer, fein gehackt
3 Birnen, halbiert und entkernt
Butter, zerlassen, zum Bestreichen
Sahne, zum Servieren

1 Den Teig auf einer leicht bemehlten Arbeitsfläche ausrollen und 6 Kreise mit einem Durchmesser von 10 cm daraus ausschneiden.

2 Die Kreise auf ein Backblech legen und 30 Minuten kalt stellen.

3 Zucker und Butter in einer Schüssel schaumig schlagen. Dann den Ingwer unterrühren.

4 Die Teigkreise mit einer Gabel einstechen und mit der Ingwermischung bestreichen.

5 Die Birnenhälften längs einschneiden, sodass sie an der Spitze noch zusammenhängen. Dann ein wenig auffächern.

6 Jedes Teigstück mit einer aufgefächerten Birnenhälfte belegen. Die Teigränder hochstülpen und die Birnen mit Butter bestreichen.

7 Die so vorbereiteten Birnennester in einem auf 200 °C vorgeheizten Ofen 15–20 Minuten goldbraun backen. Warm mit etwas Sahne servieren.

TIPP

Einige Kugeln Vanilleeis ergeben eine köstliche Beilage.

Crème-brûlée-Törtchen

Ergibt 6 Stück

ZUTATEN

TEIG:
150 g Mehl
25 g feiner Zucker
125 g Butter, in kleinen Stückchen
1 EL Wasser

FÜLLUNG:
4 Eigelb
50 g feiner Zucker
400 ml Sahne
5 Tropfen Vanillearoma

brauner Kristallzucker, zum Bestreuen

1 Für den Teig Mehl und Zucker in eine Schüssel geben. Die Butter mit den Fingern in der Mischung verreiben. Wasser zufügen und alles zu einem weichen Teig verarbeiten. Den Teig in Frischhaltefolie wickeln und 30 Minuten kalt stellen.

2 Den Teig ausrollen und in 6 Tortelettförmchen (10 cm Ø) einpassen. Mit einer Gabel einstechen und weitere 20 Minuten kalt stellen.

3 Den Teig mit Alufolie und Backbohnen bedecken und in einem auf 190 °C vorgeheizten Ofen 15 Minuten blind backen. Folie und Bohnen entfernen und den Teig weitere 10 Minuten backen.

4 Eigelb und Zucker verschlagen. Sahne und Aroma erhitzen und unter ständigem Rühren zu der Eimischung gießen.

5 Die so entstandene Sahnecreme in einen Topf geben und unter Rühren erneut erwärmen, bis sie eindickt. Nicht aufkochen, da sie sonst gerinnt.

6 Die Creme etwas abkühlen lassen, auf die Torteletttförmchen verteilen, abkühlen lassen und über Nacht kalt stellen.

7 Mit Kristallzucker bestreuen, einige Minuten unter einen heißen Grill schieben und 2 Stunden kalt stellen.

2

4

7

Limetten-Mandel-Törtchen

Ergibt 12 Stück

ZUTATEN

125 g Mehl
100 g weiche Butter
1 TL abgeriebene Limettenschale
1 EL Limettensaft
50 g feiner Zucker
1 Ei
25 g gemahlene Mandeln
50 g Puderzucker, gesiebt
$^1/_2$ EL Wasser

1 5 Teelöffel Mehl und 3 Teelöffel Butter beiseitestellen.

2 Das restliche Mehl in eine Schüssel sieben und mit der restlichen Butter verreiben, bis ein krümeliger Teig entsteht. Limettenschale und -saft einrühren und alles zu einem weichen Teig verarbeiten.

3 Den Teig auf einer leicht bemehlten Arbeitsfläche dünn ausrollen. 12 Kreise mit einem Durchmesser von etwa $7^1/_2$ cm daraus ausstechen und in kleine Tortelettförmchen legen.

4 Die zurückbehaltene Butter und den Zucker in einer Schüssel schaumig schlagen.

5 Das Ei unterrühren, dann die Mandeln und das beiseitegestellte Mehl zugeben.

6 Die so entstandene Mischung auf die Tortelettförmchen verteilen.

7 Die Törtchen in einem auf 200 °C vorgeheizten Ofen 15 Minuten goldbraun backen. Dann aus den Förmchen nehmen und abkühlen lassen.

8 Puderzucker und Wasser mischen und die Törtchen damit beträufeln.

Brote & Herzhaftes

Frisches Brot zu backen war noch nie so einfach wie heute. Für die folgenden Rezepte wird die überall erhältliche Trockenhefe verwendet, deren Anwendung einfach und sehr zuverlässig ist. Wenn Sie mit frischer Hefe backen möchten, ersetzen Sie ein Päckchen Trockenhefe durch 25 g frische Hefe. Lösen Sie diese in warmem Wasser auf, fügen Sie 1 Teelöffel Zucker hinzu, decken Sie die Mischung ab, und lassen Sie sie etwa 15 Minuten an einem warmen Ort gehen. Vermengen Sie die aufgegangene Hefe mit dem Mehl, und verfahren Sie danach so, wie in den Rezepten beschrieben.

Verwenden Sie für Brotrezepte mit Hefe stets Mehl der Type 550. Zum Kneten können Sie die Knethaken eines elektrischen Rührgeräts benutzen; verarbeiten Sie den Teig aber ruhig auch einmal von Hand – auf diese Weise lassen sich Aggressionen und Stress wunderbar abbauen.

Neben vielen Brotrezepten finden Sie im folgenden Kapitel auch einige Vorschläge für pikante Torten und Pasteten, die mit einer kleinen Beilage äußerst schmackhafte Hauptmahlzeiten ergeben.

Teacakes

Für 12 Personen

ZUTATEN

450 g weißes Mehl Type 550
1 Päckchen Trockenhefe
50 g feiner Zucker
1 TL Salz
25 g Butter, in kleinen Stückchen
300 ml lauwarme Milch
75 g gemischte Trockenfrüchte
Honig, zum Bestreichen

1 Mehrere Backbleche einfetten.

2 Das Mehl in eine große Schüssel sieben. Mit Trockenhefe, Zucker und Salz vermengen. Die Butter mit den Fingern in der Mischung verreiben, bis ein krümeliger Teig entsteht. Die Milch zugießen und alles zu einem glatten Teig verrühren.

3 Den Teig von Hand auf einer leicht bemehlten Arbeitsfläche oder mit den Knethaken eines elektrischen Rührgeräts etwa 5 Minuten gut durchkneten.

4 Anschließend in einer eingefetteten Schüssel abgedeckt an einem warmen Ort etwa 1½ Stunden gehen lassen, bis sich sein Volumen verdoppelt hat.

5 Den Teig erneut kurz durchkneten und die Trockenfrüchte einarbeiten. Dann zu 12 kleinen Kugeln formen und diese auf die Backbleche legen. Abgedeckt 1 weitere Stunde gehen lassen, bis der Teig elastisch ist.

6 Die fertig vorbereiteten Teigstücke in einem auf 200 °C vorgeheizten Ofen 20 Minuten backen. Anschließend herausnehmen und solange sie noch warm sind mit Honig bestreichen.

7 Die fertigen Kuchen auf einem Rost abkühlen lassen. Danach halbieren und mit Butter bestrichen servieren.

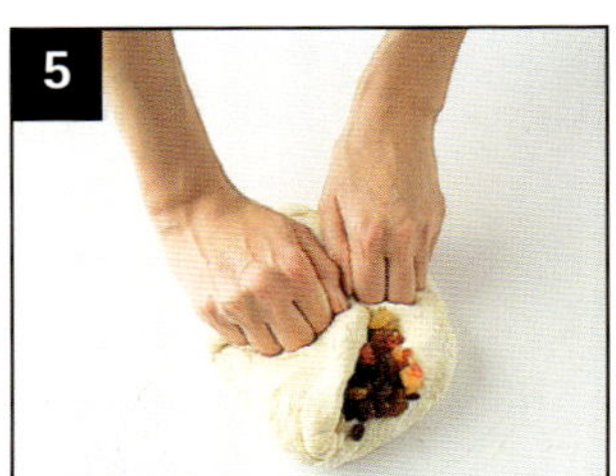

Rosinenschnecken

Ergibt 12 Schnecken

ZUTATEN

225 g weißes Mehl Type 550
1/2 TL Salz
1 Päckchen Trockenhefe
25 g Butter, in kleinen Stückchen
1 Ei, verquirlt
125 ml warme Milch
2 EL Ahornsirup

FÜLLUNG:
50 g weiche Butter
2 TL gemahlener Zimt
50 g brauner Zucker
50 g Korinthen

1 Eine Backform mit einer Seitenlänge von 24 cm einfetten.

2 Mehl und Salz in eine Schüssel sieben. Trockenhefe einrühren. Butter mit den Fingern in der Mischung verreiben, bis ein krümeliger Teig entsteht. Ei und Milch zugeben und alles zu einem glatten Teig verarbeiten.

3 Den Teig in einer eingefetteten Schüssel abgedeckt an einem warmen Ort etwa 40 Minuten gehen lassen, bis sich sein Volumen verdoppelt hat.

4 Den Teig erneut 1 Minute kneten und zu einem 30 cm x 24 cm großen Rechteck ausrollen.

5 Für die Füllung Butter, Zimt und Zucker schaumig schlagen. Die Mischung auf den Teig streichen, dabei einen Rand von 2 1/2 cm lassen. Anschließend die Korinthen über die Mischung streuen.

6 Den Teig von einer langen Seite her aufrollen und vorsichtig zusammendrücken. Die Rolle in 12 Scheiben schneiden. Diese in die Form geben, abdecken und 30 Minuten gehen lassen.

7 Die Schnecken in einem auf 190 °C vorgeheizten Ofen 20–30 Minuten backen, bis sie gut aufgegangen sind. Mit Sirup bestreichen und vor dem Servieren etwas abkühlen lassen.

Korinthenbrot mit Zimt

Ergibt 1 Laib

ZUTATEN

350 g Mehl
1 Prise Salz
1 EL Backpulver
1 EL gemahlener Zimt

150 g Butter, in kleinen Stückchen
125 g brauner Zucker
175 g Korinthen

fein abgeriebene Schale von 1 Orange
5–6 EL Orangensaft
6 EL Milch
2 Eier, leicht verquirlt

1 Eine 20–25 cm große Kastenform einfetten und den Boden mit Backpapier auslegen.

2 Mehl, Salz, Backpulver und Zimt in eine große Schüssel sieben. Die Butter mit den Fingern darin so lange verreiben, bis ein krümeliger Teig entsteht.

3 Zucker, Korinthen und Orangenschalen einrühren. Orangensaft, Milch und Eier mischen, zu den trockenen Zutaten geben und alles gut vermengen.

4 Den so entstandenen Teig in die vorbereitete Form füllen und eine kleine Mulde in die Mitte drücken, damit er gleichmäßig aufgehen kann.

5 Den Teig in einem auf 180 °C vorgeheizten Ofen 60–70 Minuten backen, bis ein in die Mitte gestochener Metallspieß sauber bleibt.

6 Das fertige Brot kurz abkühlen lassen. Dann aus der Form nehmen und auf einem Rost vollständig auskühlen lassen.

TIPP

Der Teig muss nach der Zugabe der flüssigen Zutaten rasch verarbeitet werden, da das Backpulver zu arbeiten beginnt.

Orangen-Bananen-Preiselbeerbrot

Für 8–10 Personen

ZUTATEN

175 g Mehl
2 gehäufte TL Backpulver
150 g brauner Zucker
2 Bananen, zerdrückt
50 g Zitronat und Orangeat
25 g gemischte Nüsse, gehackt
50 g getrocknete Preiselbeeren
5–6 EL Orangensaft
2 Eier, verquirlt
150 ml Sonnenblumenöl
75 g Puderzucker, gesiebt
abgeriebene Schale von 1 Orange

1 Eine 20–25 cm große Kastenform einfetten und den Boden mit Backpapier auslegen.

2 Mehl und Backpulver in eine Schüssel sieben. Dann Zucker, Bananen, Zitronat, Orangeat, Nüsse und Preiselbeeren einrühren.

3 Orangensaft, Eier und Öl miteinander verrühren. Zu den trockenen Zutaten gießen und alles gut vermengen, bis ein glatter Teig entsteht. Den fertigen Teig in die vorbereitete Form geben.

4 Den Teig in einem auf 180 °C vorgeheizten Ofen etwa 1 Stunde backen, bis er fest geworden ist und ein in die Mitte gestochener Metallspieß sauber bleibt.

5 Das fertige Brot aus dem Ofen nehmen und auf einem Rost abkühlen lassen.

6 Den Puderzucker mit etwas Wasser mischen. Das Brot damit bestreichen. Die Orangenschale über den Guss streuen und diesen vor dem Servieren trocknen lassen.

TIPP

Dieses Brot ist einige Tage haltbar, wenn es eingewickelt, kühl und trocken gelagert wird.

2

3

3

Bananen-Dattel-Brot

Für 6–8 Personen

ZUTATEN

225 g Mehl
$2^1/_4$ TL Backpulver
100 g Butter, in kleinen Stückchen
75 g feiner Zucker
125 g Datteln, entsteint und gehackt
2 Bananen, grob zerdrückt
2 Eier, leicht verquirlt
2 EL Honig

1 Eine 20–25 cm große Kastenform einfetten und den Boden mit Backpapier auslegen.

2 Mehl und Backpulver in eine große Schüssel sieben.

3 Die Butter mit den Fingern in das Mehl einarbeiten, bis ein krümeliger Teig entsteht.

4 Zucker, Datteln, Bananen, Eier und Honig mit den trockenen Zutaten vermengen und alles zu einem glatten Teig verarbeiten.

5 Den fertigen Teig in die vorbereitete Kastenform geben und mit einem Messer glatt streichen.

6 In einem auf 160 °C vorgeheizten Ofen etwa 1 Stunde backen, bis er goldbraun ist und ein in die Mitte gestochener Metallspieß sauber bleibt.

7 Das fertige Brot in der Form auskühlen lassen. Dann auf einen Rost legen.

8 Warm oder kalt in dicke Scheiben geschnitten servieren.

TIPP

Das Brot ist einige Tage haltbar, wenn es gut eingewickelt, kühl und trocken gelagert wird.

Schneckenkranz

Ergibt 1 Kranz

ZUTATEN

245 g weißes Mehl Type 550
1/2 TL Salz
1 Päckchen Trockenhefe
25 g Butter, in kleinen Stückchen
125 ml lauwarme Milch
1 Ei, verquirlt

FÜLLUNG:
50 g weiche Butter
50 g brauner Zucker
25 g Haselnüsse, gehackt
25 g kandierter Ingwer, gehackt
50 g Zitronat und Orangeat
1 EL Rum oder Weinbrand
100 g Puderzucker
2 EL Zitronensaft

1 Ein Backblech einfetten. Mehl, Salz und Hefe in eine Schüssel geben, Butter hineinreiben, Milch und Ei zugeben und alles zu einem festen Teig verrühren.

2 Den Teig in einer eingefetteten Schüssel abgedeckt etwa 40 Minuten gehen lassen. Noch einmal kurz durchkneten und zu einem 30 cm x 24 cm großen Rechteck ausrollen.

3 Butter und Zucker schaumig schlagen. Haselnüsse, Ingwer, Zitronat, Orangeat und Rum zugeben. Den Teig mit dieser Füllung bestreichen; dabei einen Rand von 2 1/2 cm lassen.

4 Den Teig von einer langen Seite her aufrollen und in je 5 cm dicke Scheiben schneiden. Diese so auf das Backblech legen, dass sie sich gerade berühren. Abdecken und noch einmal 30 Minuten gehen lassen.

5 Den Teig in einem auf 190 °C vorgeheizten Ofen 20–30 Minuten backen, bis er goldbraun geworden ist.

6 Puderzucker und Zitronensaft mischen. Den fertigen Kranz etwas abkühlen lassen und mit dem Guss beträufeln.

Dattel-Honig-Brot

Ergibt 1 Laib

ZUTATEN

250 g weißes Mehl Type 550
75 g braunes Mehl Type 550
1 Päckchen Trockenhefe
1/2 TL Salz
200 ml lauwarmes Wasser
3 EL Sonnenblumenöl
3 EL Honig
75 g Datteln, gehackt
2 EL Sesamsamen

1 Eine 20–25 cm große Kastenform einfetten. Das Mehl in eine Schüssel sieben und mit Trockenhefe und Salz vermengen.

2 Wasser, Öl und Honig zugießen und alles zu einem festen Teig verarbeiten.

3 Den Teig auf einer leicht bemehlten Arbeitsfläche etwa 5 Minuten glatt kneten.

4 Den Teig in einer eingefetteten Schüssel abgedeckt an einem warmen Ort etwa 1 Stunde gehen lassen, bis sich sein Volumen verdoppelt hat.

5 Datteln und Sesam in den Teig kneten und diesen in die vorbereitete Form geben.

6 Den Teig abdecken und an einem warmen Ort weitere 30 Minuten gehen lassen.

7 Den Teig in einem auf 220 °C vorgeheizten Ofen 30 Minuten backen, bis er hohl klingt, wenn man dagegenklopft.

8 Das fertige Brot auf einem Rost abkühlen lassen und in dicke Scheiben geschnitten servieren.

VARIATION

Die Sesamsamen können durch Sonnenblumenkerne ersetzt werden.

TIPP

Zum Aufgehen können Sie den Teig auch über warmes Wasser stellen.

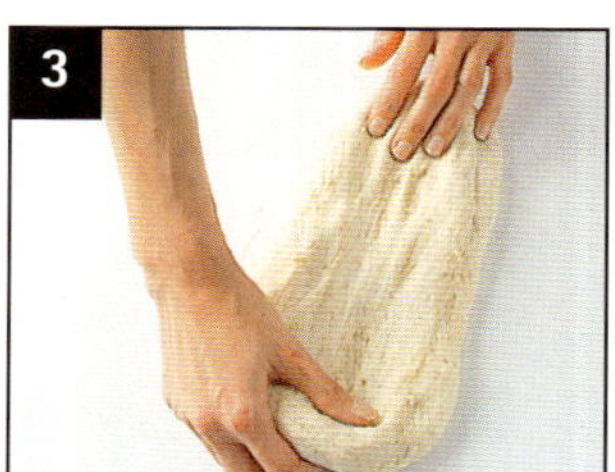

Kürbisbrot

Für 6–8 Personen

ZUTATEN

450 g Kürbisfleisch
125 g weiche Butter
175 g feiner Zucker
2 Eier, verquirlt

225 g Mehl, gesiebt
1½ TL Backpulver
½ TL Salz

1 TL Mixed Spice (s. Tipp), ersatzweise Piment
25 g Kürbiskerne

1 Eine 20–25 cm große Kastenform einfetten.

2 Das Kürbisfleisch grob zerkleinern und in gebutterte Alufolie einschlagen. Anschließend in einem auf 200 °C vorgeheizten Ofen 30–40 Minuten backen, bis es gar ist.

3 Das Kürbisfleisch vollständig abkühlen lassen, zerdrücken und zu einem dickflüssigen Püree verarbeiten.

4 Butter und Zucker in einer Schüssel schaumig schlagen. Dann nach und nach die Eier zugeben.

5 Das Kürbispüree unterrühren und alles mit Mehl, Backpulver, Salz und Mixed Spice oder Piment vermengen.

6 Die Kürbiskerne zugeben und den Teig in die vorbereitete Form füllen.

7 Den Teig in einem auf 160 °C vorgeheizten Ofen 75–90 Minuten backen, bis ein in die Mitte gestochener Metallspieß sauber bleibt.

8 Das fertige Brot vor dem Servieren abkühlen lassen.

TIPP

Mixed Spice besteht aus Kümmel, Kreuzkümmel, Piment, Koriander, Muskat und Ingwer. Es ist in britischen Lebensmittelläden erhältlich.

Tropisches Früchtebrot

Ergibt 1 Laib

ZUTATEN

350 g weißes Mehl Type 550
50 g Kleie
1/2 TL Salz
1/2 TL gemahlener Ingwer
1 Päckchen Trockenhefe
25 g brauner Zucker
25 g Butter, in kleinen Stückchen
250 ml lauwarmes Wasser
75 g kandierte Ananas, fein gehackt
25 g getrocknete Mango, fein gehackt
50 g getrocknete Kokosflocken, geröstet
1 Ei, verquirlt
2 EL Kokosraspel

1 Ein Backblech einfetten. Das Mehl in eine große Schüssel sieben und mit Kleie, Salz, Ingwer, Trockenhefe und Zucker vermengen. Die Butter mit den Fingern in dieser Mischung verreiben. Das Wasser zugeben und alles zu einem festen Teig verarbeiten.

2 Den Teig von Hand auf einer leicht bemehlten Arbeitsfläche oder mit den Knethaken eines elektrischen Rührgeräts 5–8 Minuten glatt kneten. Dann in eine eingefettete Schüssel geben, abdecken und an einem warmen Ort auf sein doppeltes Volumen aufgehen lassen.

3 Ananas, Mango und Kokosflocken in den Teig kneten. Diesen zu einem runden Laib formen und auf das vorbereitete Backblech legen. Die Oberfläche des Teigs mit einem Messer einkerben. Abdecken und 30 Minuten an einem warmen Ort erneut gehen lassen.

4 Den Teig mit dem Ei bestreichen, mit Kokosraspel bestreuen und in einem auf 220 °C vorgeheizten Ofen 30 Minuten backen, bis er goldbraun geworden ist.

5 Das fertige Brot vor dem Servieren auf einem Rost abkühlen lassen.

Zitrusbrot

Ergibt 1 Laib

ZUTATEN

450 g weißes Mehl Type 550	5–6 EL Orangensaft	1 Orange
1/2 TL Salz	4 EL Zitronensaft	1 Zitrone
50 g feiner Zucker	3–4 EL Limonensaft	1 Limone
1 Päckchen Trockenhefe	150 m lauwarmes Wasser	1 EL flüssiger Honig
50 g Butter, in kleinen Stückchen		

1 Ein Backblech leicht einfetten.

2 Mehl und Salz in eine Schüssel sieben und mit Zucker und Trockenhefe vermengen.

3 Die Butter mit den Fingern in der Mehlmischung verreiben. Fruchtsäfte und Wasser zugießen und alles zu einem festen Teig verarbeiten.

4 Den Teig auf einer leicht bemehlten Arbeitsfläche etwa 5 Minuten glatt kneten. In eine eingefettete Schüssel geben, abdecken und an einem warmen Ort etwa 1 Stunde gehen lassen.

5 Die Schalen der Zitrusfrüchte reiben und in den Teig kneten.

6 Den Teig zu 2 unterschiedlich großen Kugeln formen.

7 Die größere Kugel auf das Backblech geben, die kleinere darauflegen.

8 Mit einem bemehlten Finger in die Mitte der oberen Teigkugel stechen. Den Teig abdecken und weitere 40 Minuten gehen lassen.

9 Den aufgegangenen Teig in einem auf 220 °C vorgeheizten Ofen 35 Minuten backen. Anschließend mit Honig bestreichen.

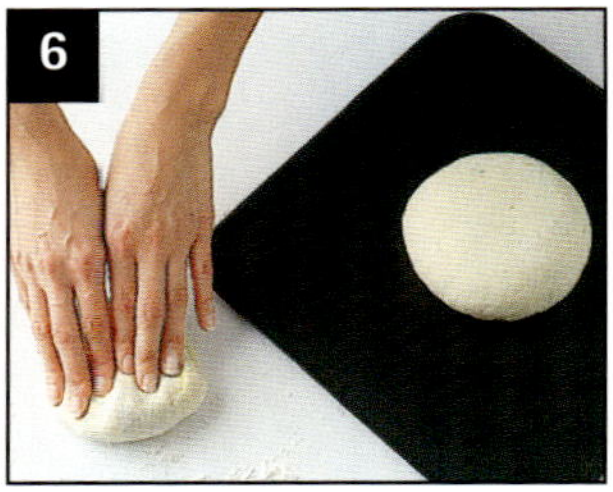

Mangozopf

Ergibt 1 Laib

ZUTATEN

450 g weißes Mehl Type 550
1 TL Salz
1 Päckchen Trockenhefe
1 TL gemahlener Ingwer
50 g brauner Zucker
40 g Butter, in kleinen Stückchen
1 kleine Mango, geschält, entkernt und püriert
250 ml lauwarmes Wasser
2 EL flüssiger Honig
125 g Sultaninen
1 Ei, verquirlt
Puderzucker, zum Bestäuben

1 Ein Backblech einfetten. Mehl und Salz in eine große Schüssel sieben. Trockenhefe, Ingwer und Zucker untermischen und die Butter mit den Fingern in dieser Mischung verreiben.

2 Mangopüree, Wasser und Honig zugeben und alles zu einem festen Teig verarbeiten.

3 Den Teig von Hand auf einer leicht bemehlten Arbeitsfläche oder mit den Knethaken eines elektrischen Rührgeräts etwa 5 Minuten glatt kneten. Dann in eine eingefettete Schüssel geben, abdecken und an einem warmen Ort etwa 1 Stunde gehen lassen, bis sich sein Volumen verdoppelt hat.

4 Die Sultaninen in den Teig kneten. Den Teig zu 2 etwa 25 cm langen Strängen formen. Diese vorsichtig umeinanderdrehen und die Enden festdrücken. Den so entstandenen Zopf auf das vorbereitete Backblech legen, abdecken und weitere 40 Minuten gehen lassen.

5 Den Zopf mit dem Ei bestreichen und in einem auf 220 °C vorgeheizten Ofen 30 Minuten backen, bis er goldbraun geworden ist. Auf einem Rost abkühlen lassen und vor dem Servieren mit Puderzucker bestäuben.

1

1

2

Schokoladenbrot

Ergibt 1 Laib

ZUTATEN

450 g weißes Mehl Type 550
25 g Kakaopulver
1 TL Salz
1 Päckchen Trockenhefe
25 g brauner Zucker
1 EL Öl
300 ml lauwarmes Wasser

1 Eine 20–25 cm große Kastenform leicht einfetten.

2 Mehl und Kakaopulver in eine große Schüssel sieben.

3 Salz, Trockenhefe und Zucker unterrühren.

4 Öl und Wasser zugeben und alles zu einem festen Teig verarbeiten.

5 Den Teig auf einer leicht bemehlten Arbeitsfläche etwa 5 Minuten glatt kneten.

6 In eine eingefettete Schüssel geben, abdecken und an einem warmen Ort etwa 1 Stunde gehen lassen, bis sich sein Volumen verdoppelt hat.

7 Den aufgegangenen Teig noch einmal kurz durchkneten, in die vorbereitete Form geben und weitere 30 Minuten an einem warmen Ort gehen lassen.

8 Anschließend in einem auf 200 °C vorgeheizten Ofen 25–30 Minuten backen.

9 Das fertige Brot auf einem Rost abkühlen lassen und in Scheiben geschnitten servieren.

TIPP

Leicht getoastet und gebuttert schmeckt dieses Brot besonders köstlich.

Joghurtbrot

Ergibt 1 Laib

ZUTATEN

300 g Weizen-Vollkornmehl
300 g Mehl
2 TL Backpulver
1 TL Natron
2 EL feiner Zucker
1 TL Salz
1 Ei, verquirlt
425 g Naturjoghurt

1 Ein Backblech einfetten und mit Mehl bestäuben.

2 Mehl, Backpulver, Natron, Zucker und Salz in eine große Schüssel sieben.

3 Ei und Joghurt vermengen und zu den trockenen Zutaten geben. Alles gut miteinander verrühren und zu einem weichen, klebrigen Teig verarbeiten.

4 Den Teig auf einer leicht bemehlten Arbeitsfläche einige Minuten glatt kneten und zu einem runden, etwa 5 cm hohen Laib formen.

5 Den Laib auf das vorbereitete Backblech legen und von oben kreuzförmig einschneiden.

6 Das fertige Brot in einem auf 190 °C vorgeheizten Ofen etwa 40 Minuten goldbraun backen.

7 Auf einen Rost legen, abkühlen lassen und in Scheiben geschnitten servieren.

VARIATION

Als fruchtige Variante können den trockenen Zutaten in Schritt 2 125 g Rosinen zugefügt werden.

Gewürzbrot

Ergibt 1 Laib

ZUTATEN

325 g Mehl
3 TL Backpulver
1 Msp. Salz
1 Msp. Cayennepfeffer
2 TL Currypulver
2 TL Mohn
25 g Butter, in kleinen Stückchen
150 ml Milch
1 Ei, verquirlt

1 Ein Backblech leicht mit Butter einfetten.

2 Mehl, Backpulver, Salz, Cayennepfeffer, Currypulver und Mohn in eine große Schüssel sieben.

3 Die Butter mit den Fingern in der Mehlmischung verreiben, bis eine krümelige Mischung entsteht.

4 Milch und Ei zugeben und alles zu einem festen Teig verrühren.

5 Den Teig einige Minuten lang auf einer leicht bemehlten Arbeitsfläche glatt kneten.

6 Anschließend zu einem runden Laib formen und von oben kreuzförmig einschneiden.

7 Den Laib in einem auf 190 °C vorgeheizten Ofen 45 Minuten backen.

8 Das fertige Brot auf einem Rost abkühlen lassen und in Stücke gebrochen oder in Scheiben geschnitten servieren.

TIPP

Wenn das Brot zu schnell braun wird, kann es bis zum Ende der Backzeit mit Alufolie abgedeckt werden.

Chili-Mais-Brot

Ergibt 12 Schnitten

ZUTATEN

25 g Mehl
125 g Polenta
1 EL Backpulver
1/2 TL Salz

1 grüne Chili, entkernt und fein gehackt
5 Frühlingszwiebeln, fein gehackt

2 Eier
140 ml saure Sahne
125 ml Sonnenblumenöl

1 Eine Backform mit einer Seitenlänge von 20 cm einfetten und den Boden mit Backpapier auslegen.

2 Mehl, Polenta, Backpulver und Salz in einer Schüssel mischen.

3 Chili und Frühlingszwiebeln zugeben und gut unterrühren.

4 Eier, saure Sahne und Sonnenblumenöl in einem Mixbecher verquirlen. Diese Mischung zu den trockenen Zutaten geben und alles schnell und gründlich vermengen.

5 Den so entstandenen Teig in die vorbereitete Form füllen.

6 Die Form in einen auf 200 °C vorgeheizten Ofen geben und den Teig 20–25 Minuten backen, bis er aufgegangen und leicht gebräunt ist.

7 Das fertige Brot in der Form etwas abkühlen lassen und in Riegel oder Quadrate geschnitten servieren.

VARIATION

In Schritt 3 können 125 g Maiskörner unter den Teig gemischt werden.

Käse-Kartoffel-Brot

Für 4 Personen

ZUTATEN

225 g Mehl
1 TL Salz
1/2 TL Senfpulver
2 TL Backpulver

125 g Red-Leicester-Käse ersatzweise alter Gouda, gerieben

175 g Kartoffeln, gekocht und püriert
200 ml Wasser
1 EL Öl

1 Ein Backblech leicht einfetten.

2 Mehl, Salz, Senf- und Backpulver in eine Schüssel sieben.

3 Von dem geriebenen Käse 2 Esslöffel beiseitestellen. Den Rest mit den pürierten Kartoffeln zu der Mehlmischung geben und gut mit dieser verrühren.

4 Wasser und Öl zugießen und die jetzt ziemlich feuchte Mischung zu einem weichen Teig verarbeiten.

5 Den Teig auf einer bemehlten Arbeitsfläche zu einem runden Laib von etwa 20 cm Durchmesser formen.

6 Den Laib auf das vorbereitete Backblech legen. Die Oberfläche kreuzförmig einschneiden und mit dem beiseitegestellten Käse bestreuen.

7 Den so vorbereiteten Laib in einem auf 220 °C vorgeheizten Ofen 25–30 Minuten backen.

8 Das fertige Brot auf einen Rost legen, abkühlen lassen und möglichst frisch servieren.

TIPP

Das Brot kann auch mit Instantpüree zubereitet werden.

VARIATION

In Schritt 3 können dem Teig zusätzlich 50 g Speckwürfel zugegeben werden.

Käse-Schinken-Brot

Für 6 Personen

ZUTATEN

225 g Mehl
4 TL Backpulver
1 TL Salz
1 TL Paprikapulver
75 g Butter, in kleinen Stückchen
125 g reifer herzhafter Hartkäse, gerieben
75 g geräucherter Schinken, gewürfelt
2 Eier, verquirlt
150 ml Milch

1 Eine kleine Kastenform einfetten und den Boden mit Backpapier auslegen.

2 Mehl, Backpulver, Salz und Paprikapulver in eine Schüssel sieben.

3 Die Butter mit den Fingern in der Mehlmischung verreiben, bis ein krümeliger Teig entsteht. Dann Käse und Schinken einrühren.

4 Eier und Milch zu den trockenen Zutaten geben und alles gut vermischen.

5 Den fertigen Teig in die vorbereitete Form füllen.

6 Anschließend in einem auf 180 °C vorgeheizten Ofen 1 Stunde backen, bis er gut aufgegangen ist.

7 Das fertige Brot in der Form etwas abkühlen lassen. Dann auf einen Rost legen und in dicke Scheiben geschnitten servieren.

TIPP

Dieses Brot ist nicht lange haltbar und wird am besten am Tag der Zubereitung verzehrt.

VARIATION

Anstelle des herzhaften Käses kann auch ein milder verwendet werden.

PIMENTÓN

Käse-Schnittlauch-Brot

Für 8 Personen

ZUTATEN

225 g Mehl
2 TL Backpulver
1 TL Salz
1 TL Senfpulver

100 g reifer herzhafter Käse, gerieben
2 TL frisch gehackter Schnittlauch

1 Ei, verquirlt
25 g Butter, zerlassen
150 ml Milch

1 Eine Backform mit einer Seitenlänge von 24 cm einfetten und den Boden mit Backpapier auslegen.

2 Mehl, Backpulver, Salz und Senfpulver in eine große Schüssel sieben.

3 Von dem geriebenen Käse 3 Esslöffel beiseitestellen.

4 Den übrigen Käse mit dem Schnittlauch zu der Mehlmischung geben und gut miteinander verrühren.

5 Ei, Butter und Milch zufügen und alles gründlich vermengen.

6 Den fertigen Teig in die vorbereitete Form geben, mit einem Messer glatt streichen und mit dem beiseitegestellten Käse bestreuen.

7 Den Teig in einem auf 190 °C vorgeheizten Ofen 30 Minuten backen.

8 Das fertige Brot in der Form etwas abkühlen lassen, auf einen Rost legen und in Dreiecke geschnitten servieren.

TIPP

Für dieses Rezept können Sie jeden reifen Hartkäse verwenden.

Knoblauchbrötchen

Ergibt 8 Brötchen

ZUTATEN

12 Knoblauchzehen
350 ml Milch
450 g weißes Mehl Type 550
1 TL Salz
1 Päckchen Trockenhefe
1 TL gemischte getrocknete Kräuter (z. B. Majoran, Basilikum, Oregano und Thymian)
2 EL Sonnenblumenöl
1 Ei, verquirlt
Milch, zum Bestreichen
grobe Salzkörner, zum Bestreuen

1 Ein Backblech einfetten. Die Knoblauchzehen schälen, mit der Milch in einen Topf geben, erhitzen und 15 Minuten köcheln lassen. Die leicht abgekühlte Masse mit einem Pürierstab oder in einer Küchenmaschine pürieren.

2 Mehl und Salz in eine große Schüssel sieben. Mit der Trockenhefe und den Kräutern vermengen.

3 Knoblauch-Milch-Püree, Öl und Ei zugeben und alles zu einem festen Teig verarbeiten.

4 Den Teig auf einer leicht bemehlten Arbeitsfläche einige Minuten sanft kneten, bis er weich und geschmeidig ist.

5 Den Teig in eine eingefettete Schüssel geben, abdecken und an einem warmen Ort etwa 1 Stunden gehen lassen, bis sich sein Volumen verdoppelt hat.

6 Den aufgegangenen Teig erneut 2 Minuten kneten. Dann 8 runde Brötchen daraus formen und diese auf das vorbereitete Backblech legen. Die Brötchen von oben mit einem Messer einschneiden, abdecken und weitere 15 Minuten gehen lassen.

7 Die Brötchen mit Milch bestreichen und mit Steinsalz bestreuen.

8 In einem auf 220 °C vorgeheizten Ofen 15–20 Minuten backen.

9 Die fertigen Brötchen vor dem Servieren auf einem Rost abkühlen lassen.

Mini-Focaccia

Ergibt 4 Stück

ZUTATEN

350 g weißes Mehl Type 550
½ TL Salz
1 Päckchen Trockenhefe
2 EL Olivenöl
250 ml lauwarmes Wasser

100 g grüne oder schwarze Oliven, entsteint und ha biert

BELAG:
2 rote Zwiebeln, in Ringen
2 EL Olivenöl
1 TL Meersalz
1 EL frische Thymianblätter

1 Ein Backblech leicht einfetten. Mehl und Salz in eine große Schüssel sieben und mit der Trockenhefe vermengen. Olivenöl und Wasser zugeben und alles zu einem festen Teig verarbeiten.

2 Den Teig von Hand auf einer leicht bemehlten Arbeitsfläche in etwa 5 Minuten glatt kneten oder 7–8 Minuten mit den Knethaken eines elektrischen Rührgeräts verarbeiten.

3 Den Teig in eine eingefettete Schüssel geben, abdecken und an einem warmen Ort 1–1½ Stunden gehen lassen, bis sich sein Volumen verdoppelt hat. Danach erneut 1–2 Minuten durchkneten.

4 Die Hälfte der Oliven in den Teig kneten. Dann den Teig vierteln und 4 Fladen daraus formen. Diese auf das vorbereitete Backblech legen und mit den Fingern von oben leicht eindrücken.

5 Die Zwiebeln und die übrigen Oliven auf die Fladen legen. Mit Olivenöl beträufeln und mit Meersalz und Thymianblättern bestreuen. Die Fladen abdecken und weitere 30 Minuten an einem warmen Ort gehen lassen.

6 Die Fladen in einem auf 190 °C vorgeheizten Ofen 20–25 Minuten backen, bis sie außen goldbraun und innen durchgebacken sind. Dann auf einen Rost legen und auskühlen lassen.

Tomatenbrötchen

Ergibt 8 Brötchen

ZUTATEN

225 g weißes Mehl Type 550
½ TL Salz
1 Päckchen Trockenhefe
100 g Butter, zerlassen und leicht abgekühlt
3 EL Milch, erwärmt
2 Eier, verquirlt
50 g sonnengetrocknete Tomaten, gut abgetropft und fein gehackt
Milch, zum Bestreichen

1 Ein Backblech leicht einfetten.

2 Mehl und Salz in eine große Schüssel sieben und mit der Trockenhefe vermengen. Dann Butter, Milch und Eier zugeben und alles zu einem festen Teig verarbeiten.

3 Den Teig von Hand auf einer leicht bemehlten Arbeitsfläche oder mit den Knethaken eines elektrischen Rührgeräts etwa 5 Minuten glatt kneten.

4 Den Teig in eine eingefettete Schüssel geben, abdecken und an einem warmen Ort 1–1½ Stunden gehen lassen, bis sich sein Volumen verdoppelt hat. Anschließend erneut einige Minuten durchkneten.

5 Die Tomaten in den Teig kneten. Die Arbeitsfläche dazu gegebenenfalls etwas stärker mit Mehl bestäuben, da die Tomaten sehr fetthaltig sind.

6 Den Teig zu 8 kleinen Kugeln formen und diese auf das Backblech legen. Abdecken und weitere 30 Minuten gehen lassen, bis sich ihr Volumen verdoppelt hat.

7 Die Teigkugeln mit Milch bestreichen und in einem auf 230 °C vorgeheizten Ofen 10–15 Minuten backen, bis sie goldbraun geworden sind.

8 Die fertigen Brötchen auf einen Rost legen und vor dem Servieren leicht abkühlen lassen.

Thymianhörnchen

Ergibt 8 Hörnchen

ZUTATEN

250 g Blätterteig, TK-Ware aufgetaut
100 g weiche Butter
1 Knob auchzehe, zerdrückt
1 TL Zitronensaft
1 TL getrockneter Thymian
Salz und Pfeffer

1 Ein Backblech leicht einfetten.

2 Den Teig auf einer leicht bemehlten Arbeitsfläche zu einem Kreis von etwa 25 cm Durchmesser ausrollen und in 8 Keile schneiden.

3 Butter, Knoblauch, Zitronensaft und Thymian in einer kleinen Schüssel mischen und mit Salz und Pfeffer würzen.

4 Die Teigkeile mit der Butter-Thymian-Mischung bestreichen.

5 Jeden Keil von seinem breiten Ende aus vorsichtig aufrollen.

6 Die so entstandenen Hörnchen 30 Minuten kalt stellen.

7 Das Backblech mit kaltem Wasser befeuchten, damit beim Backen eine feuchte Atmosphäre entsteht und der Teig gut aufgehen kann.

8 Die Hörnchen auf das Blech legen und in einem auf 200 °C vorgeheizten Ofen 10–15 Minuten goldbraun backen.

TIPP

Getrocknete Kräuter sind geschmacksintensiver als frische. Für diese Hörnchen können Sie statt Thymian auch andere Kräuter wie beispielsweise Rosmarin oder Salbei verwenden.

Käse-Senf-Brötchen

Ergibt 8 Brötchen

ZUTATEN

225 g Mehl
1 Prise Salz
3 TL Backpulver
50 g Butter, in kleinen Stückchen
125 g reifer herzhafter Käse, gerieben
1 TL Senfpulver
150 ml Milch
Pfeffer (nach Belieben)

1 Ein Backblech leicht einfetten.

2 Mehl, Salz und Backpulver in eine Schüssel sieben. Die Butter mit den Fingern in der Mehlmischung verreiben, bis ein krümeliger Teig entsteht.

3 Käse, Senfpulver und so viel Milch einrühren, bis ein glatter Teig entsteht.

4 Den Teig auf einer leicht bemehlten Arbeitsfläche vorsichtig durchkneten und zu einer etwa 2½ cm hohen Scheibe formen.

5 Die Scheibe in 8 kleine Keile schneiden. Mit etwas Milch bestreichen und nach Belieben mit Pfeffer bestreuen.

6 Die Teigkeile in einem auf 220 °C vorgeheizten Ofen 10–15 Minuten backen, bis sie goldbraun geworden sind.

7 Die fertigen Brötchen vor dem Servieren etwas abkühlen lassen.

TIPP

Milchbrötchen wie diese sollten am besten am Tag der Zubereitung verzehrt werden, da sie schnell alt werden.

Käsetaler

Ergibt etwa 35 Taler

ZUTATEN

150 g Mehl
150 g reifer herzhafter Käse, gerieben
150 g Butter, in kleinen Stückchen
1 Eigelb
Sesamsamen, zum Bestreuen

1 Mehrere Backbleche leicht einfetten.

2 Mehl und Käse in einer Schüssel mischen.

3 Die Butter mit den Fingern in die Mehlmischung einarbeiten.

4 Das Eigelb zugeben und alles zu einem glatten Teig verarbeiten. Diesen in Frischhaltefolie einwickeln und etwa 30 Minuten kalt stellen.

5 Den Teig auf einer leicht bemehlten Arbeitsfläche dünn ausrollen und mehrere Kreise von ca. 6 cm Durchmesser daraus ausstechen. Den Vorgang mit den Teigresten so lange wiederholen, bis etwa 35 Taler entstanden sind.

6 Die fertigen Taler auf die vorbereiteten Backbleche legen und mit Sesamsamen bestreuen.

7 Die Taler in einem auf 200 °C vorgeheizten Ofen 20 Minuten backen, bis sie leicht gebräunt sind. Aus dem Ofen nehmen und vor dem Servieren auf einem Rost etwas abkühlen lassen.

TIPP

Sie können diesem Gebäck auch andere Formen geben. Kinder etwa lieben Tier- und Fantasieformen aller Art.

Currykekse

Ergibt 40 Kekse

ZUTATEN

100 g Mehl
1 TL Salz
2 TL Currypulver
100 g Cheshire-Käse oder anderer reifer Hartkäse, gerieben
100 g Parmesan, gerieben
100 g weiche Butter

1 Etwa 4 Backbleche leicht einfetten.

2 Mehl und Salz in eine große Schüssel sieben.

3 Curry, Käse und Parmesan unterrühren. Die Butter mit den Fingern in der Mehlmischung verreiben und alles zu einem weichen Teig verarbeiten.

4 Den Teig auf einer leicht bemehlten Arbeitsfläche zu einem dünnen Rechteck ausrollen.

5 Mit einer Ausstechform von 5 cm Durchmesser etwa 40 runde Kekse aus dem Teig ausstechen.

6 Die Kekse auf die vorbereiteten Backbleche legen und in einem auf 180 °C vorgeheizten Ofen 10–15 Minuten backen.

7 Die fertigen Kekse auf den Blechen kurz abkühlen lassen. Dann auf einen Rost legen und gänzlich auskühlen lassen, bis sie knusprig geworden sind.

TIPP

In einem luftdicht verschließbaren Behälter sind die Kekse mehrere Tage haltbar.

Käseauflauf

Für 4 Personen

ZUTATEN

150 g frische Semmelbrösel
100 g Greyerzer, gerieben
150 ml lauwarme Milch
125 g Butter, zerlassen
2 Eier, getrennt
2 EL frisch gehackte Petersilie
Salz und Pfeffer
grüner Salat, zum Servieren

1 Eine Auflaufform (1 l Inhalt) einfetten.

2 Die Semmelbrösel und den Käse in einer Schüssel mischen.

3 Die Milch mit der Käsemischung verrühren. Butter, Eigelb und Petersilie zufügen. Mit Salz und Pfeffer abschmecken und gut verrühren.

4 Das Eiweiß steif schlagen und unter die Käsemischung heben.

5 Den fertigen Teig in die vorbereitete Backform füllen.

6 Den Auflauf in einem auf 190 °C vorgeheizten Ofen 45 Minuten backen, bis er goldbraun geworden, etwas aufgegangen ist und ein in die Mitte gestochener Metallspieß sauber bleibt.

7 Den fertigen Auflauf noch heiß mit einem grünen Salat servieren.

VARIATION

Anstelle des Greyerzer kann auch ein anderer geschmacksintensiver Käse verwendet werden.

TIPP

Einen etwas gesünderen Auflauf erhalten Sie, wenn Sie bei der Zubereitung frische Vollkorn-Semmelbrösel verwenden.

Käse-Zwiebel-Pasteten

Ergibt 4 Pasteten

ZUTATEN

3 EL Pflanzenöl
4 Zwiebeln, geschält und in feine Ringe geschnitten
4 Knoblauchzehen, zerdrückt
4 EL frische, fein gehackte Petersilie
75 g reifer, herzhafter Käse, ger eben
Salz und Pfeffer

TEIG:
175 g Mehl
½ TL Salz
100 g Butter, in kleinen Stückchen
3–4 EL Wasser

1 Das Öl in einer Pfanne erhitzen. Zwiebeln und Knoblauch 10–15 Minuten darin weich dünsten. Die Pfanne vom Herd nehmen, Petersilie und Käse zugeben und alles mit Salz und Pfeffer würzen.

2 Für den Teig Mehl und Salz in eine große Schüssel sieben. Die Butter mit den Fingern in der Mehlmischung verreiben, bis ein krümeliger Teig entsteht. Wasser zugeben und gut unterrühren.

3 Den fertigen Teig auf einer leicht bemehlten Arbeitsfläche ausrollen und in 8 Stücke teilen.

4 Die Teigstücke zu Kreisen von etwa 10 cm Durchmesser ausrollen. 4 Kreise in 4 kleine Tortelettformen einpassen.

5 Jeweils ein Viertel der Zwiebelmasse in die Törtchen füllen. Diese mit den restlichen 4 Teigscheiben abdecken, die Oberfläche einmal einritzen und die Teigränder zusammendrücken.

6 Die fertigen Pasteten in einem auf 220 °C vorgeheizten Ofen 20 Minuten backen und heiß oder kalt servieren.

TIPP

Die Füllung im Voraus zubereiten und im Kühlschrank lagern.

Tarte Tatin mit roten Zwiebeln

Für 4 Personen

ZUTATEN

50 g Butter
25 g Zucker
500 g rote Zwiebeln, geschält und geviertelt
3 EL Rotweinessig
2 EL frische Thymianblätter
Salz und Pfeffer
250 g Blätterteig, TK-Ware aufgetaut

1 Butter und Zucker bei mittlerer Hitze in einer hitzebeständigen Pfanne (24 cm Ø) schmelzen.

2 Die Zwiebelstücke zugeben und bei geringer Hitze 10–15 Minuten weich dünsten. Dabei gelegentlich umrühren.

3 Essig und Thymian zufügen. Alles mit Salz und Pfeffer würzen und bei mittlerer Hitze so lange weiterköcheln, bis die Flüssigkeit eingekocht ist und die Zwiebeln mit Buttersauce überzogen sind.

4 Den Teig auf einer leicht bemehlten Arbeitsfläche zu einem Kreis ausrollen, der etwas größer als die Pfanne ist.

5 Den Teigkreis über die Zwiebelmischung legen, andrücken und die Ränder einschlagen.

6 Die so vorbereitete Tarte in einem auf 180 °C vorgeheizten Ofen 20–25 Minuten backen. Anschließend 10 Minuten ruhen lassen.

7 Einen großen Teller auf die Pfanne legen und beides zum Stürzen der Tarte vorsichtig umdrehen. Die fertige Tarte noch warm servieren.

VARIATION

Statt der roten Zwiebelviertel ganze Schalotten verwenden.

2

3

5

Kartoffeln in Blätterteig

Für 6 Personen

ZUTATEN

750 g Kartoffeln, geschält und in dünne Scheiben geschnitten
1 rote Zwiebel
2 Frühlingszwiebeln, fein gehackt
150 ml Sahne
Salz und Pfeffer
500 g Blätterteig, TK-Ware aufgetaut
2 Eier, verquirlt

1 Ein Backblech leicht einfetten. Wasser in einen Topf geben, zum Kochen bringen, Kartoffelscheiben zugeben und einige Minuten köcheln lassen. Anschließend abtropfen und abkühlen lassen. Eventuell überschüssige Feuchtigkeit mit Küchenpapier abtupfen.

2 Rote Zwiebel, Frühlingszwiebeln und Kartoffelscheiben in einer Schüssel vermengen.
2 Esslöffel Sahne zugeben und alles kräftig mit Salz und Pfeffer würzen.

3 Den Teig halbieren. Eine Hälfte zu einem Kreis von etwa 23 cm, die andere zu einem Kreis von etwa 25 cm Durchmesser ausrollen.

4 Den kleineren Teigkreis auf das vorbereitete Backblech geben und mit der Kartoffelmischung belegen. Dabei einen Rand von $2\frac{1}{2}$ cm lassen. Diesen mit einem Teil der Eimasse bestreichen.

5 Das größere Teigstück über die Füllung legen. Die Ränder gut zusammendrücken und einkräuseln. Ein Loch in die Teigdecke stechen, damit Dampf entweichen kann. Den so vorbereiteten Kuchen mit einem weiteren Teil der Eimasse bestreichen und in einem auf 200 °C vorgeheizten Ofen 30 Minuten backen.

6 Die restliche Eimasse mit der übrigen Sahne verquirlen und in das Loch in der Teigdecke gießen. Den Kuchen weitere 15 Minuten backen, dann 30 Minuten abkühlen lassen und servieren.

Tomatenschiffchen

Für 6 Personen

ZUTATEN

250 g Blätterteig, TK-Ware aufgetaut
1 Ei, verquirlt
2 EL Pesto
6 Eiertomaten, in Scheiben geschnitten
Salz und Pfeffer
frische Thymianblätter, zum Garnieren (nach Belieben)

1 Den Teig auf einer leicht bemehlten Arbeitsfläche zu einem Rechteck mit einer Seitenlänge von 30 cm x 25 cm ausrollen.

2 Das Rechteck halbieren und die Hälften in je 3 Stücke schneiden, sodass 6 gleich große Rechtecke entstehen.

3 Die Teigstücke rundum einkerben und die Ränder mit dem verquirlten Ei bestreichen.

4 Den Pesto gleichmäßig auf die Teigstücke verteilen. Dabei einen Rand von 2½ cm lassen.

5 Die Tomatenscheiben mittig auf die Teigstücke legen.

6 Die Tomaten mit Salz und Pfeffer würzen und nach Belieben mit frischen Thymianblättern bestreuen.

7 Das so vorbereitete Gebäck in einem auf 200 °C vorgeheizten Ofen 15–20 Minuten backen, bis es gut aufgegangen und goldbraun geworden ist.

8 Die fertigen Tomatenschiffchen auf vorgewärmte Teller legen und sofort servieren.

VARIATION

Statt den Teig in kleine Rechtecke zu schneiden, können Sie ihn auch zu einem großen Rechteck ausrollen und wie beschrieben belegen.

3

4

5

Tarte Provençale

Für 6–8 Personen

ZUTATEN

200 g Blätterteig, TK-Ware aufgetaut
3 EL Olivenöl
2 rote Paprika, gewürfelt
2 grüne Paprika, gewürfelt
150 ml Sahne
1 Ei
Salz und Pfeffer
2 Zucchini, in Scheiben geschnitten

1 Den Teig auf einer leicht bemehlten Arbeitsfläche ausrollen und in eine Springform (20 cm Ø) einpassen. Anschließend 20 Minuten kalt stellen.

2 Währenddessen 2 Esslöffel Olivenöl in einer Pfanne erhitzen und die Paprikawürfel darin etwa 8 Minuten unter häufigem Rühren weich dünsten.

3 Sahne und Ei in einer Schüssel verquirlen. Dann mit Salz und Pfeffer würzen und die Paprikawürfel zugeben.

4 Das restliche Öl in der Pfanne erhitzen und die Zucchinischeiben darin 4–5 Minuten anbraten, bis sie leicht gebräunt sind.

5 Die Paprikamischung in die vorbereitete Springform füllen.

6 Die Zucchinischeiben darauf anrichten.

7 Die so vorbereitete Tarte in einem auf 180 °C vorgeheizten Ofen 35–40 Minuten backen, bis der Teig fest und goldbraun geworden ist.

TIPP

Für 6 Minitörtchen 6 15 cm x 10 cm große Backförmchen mit Teig auslegen, füllen und 20 Minuten backen.

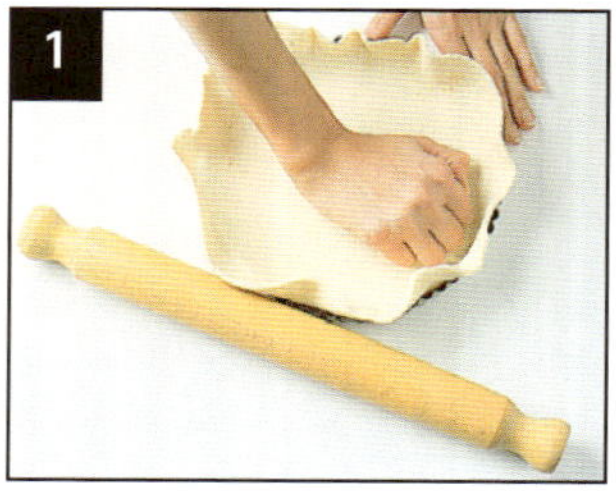
1

2

6

Sellerie-Zwiebel-Pasteten

Ergibt 12 Pasteten

ZUTATEN

TEIG:
125 g Mehl
½ TL Salz
25 g Butter, in kleinen Stückchen
25 g reifer herzhafter Käse, gerieben
3–4 EL Wasser

FÜLLUNG:
50 g Butter
125 g Sellerie, fein gehackt
2 Knoblauchzehen, zerdrückt
1 kleine Zwiebel, fein gehackt
1 EL Mehl
50 ml Milch
Salz
1 Prise Cayennepfeffer

1 Für die Füllung die Butter zerlassen. Sellerie, Knoblauch und Zwiebeln 5 Minuten darin weich dünsten.

2 Die Mischung vom Herd nehmen. Erst das Mehl, dann die Milch einrühren und alles unter gelegentlichem Rühren bei geringer Hitze erneut erwärmen, bis die Mischung eindickt. Mit Salz und Cayennepfeffer würzen und abkühlen lassen.

3 Für den Teig Mehl und Salz in eine Schüssel sieben. Die Butter mit den Fingern darin verreiben. Käse und Wasser zugeben und alles zu einem glatten Teig verarbeiten.

4 Drei Viertel des Teigs ausrollen. 12 Kreise von je 6 cm Durchmesser daraus ausstechen und in ein Pastetenblech legen.

5 Die Füllung gleichmäßig auf die Teigkreise verteilen. Den restlichen Teig ausrollen und 12 Kreise von je 5 cm Durchmesser daraus ausstechen. Diese über die gefüllten Kreise legen. Die Teigränder gut zusammendrücken, die Oberfläche leicht einkerben und die Pasteten 30 Minuten kalt stellen. Anschließend in einem auf 220 °C vorgeheizten Ofen 15–20 Minuten backen, 10 Minuten in der Form abkühlen lassen und warm servieren.

Spargel-Ziegenkäse-Kuchen

Für 6 Personen

ZUTATEN

250 g Mürbeteig, TK-Ware aufgetaut
250 g grüner Spargel
1 EL Pflanzenöl
1 rote Zwiebel, fein gehackt
25 g Haselnüsse, gehackt
200 g Ziegenkäse
2 Eier, verquirlt
4 EL Sahne
Salz und Pfeffer

1 Den Teig auf einer leicht bemehlten Arbeitsfläche ausrollen, in eine Springform (24 cm Ø) einpassen, mit einer Gabel einstechen und 30 Minuten kalt stellen.

2 Den Teig mit Alufolie und Backbohnen abdecken und in einem auf 190 °C vorgeheizten Ofen 15 Minuten blind backen.

3 Folie und Bohnen entfernen und den Teig weitere 15 Minuten backen.

4 Den Spargel in kochendem Wasser 2–3 Minuten blanchieren, abtropfen lassen und in mundgerechte Stücke schneiden.

5 Das Öl in einem kleinen Topf erhitzen. Die Zwiebel darin weich dünsten und mit dem Spargel und den Haselnüssen auf dem Teig verteilen.

6 Käse, Eier und Sahne verrühren, bis eine weiche Masse entstanden ist. Diese mit Salz und Pfeffer würzen und über die Spargelmischung gießen.

7 Den so vorbereiteten Kuchen 15–20 Minuten backen, bis die Käsemischung stockt. Anschließend warm oder kalt servieren.

VARIATION

Statt der Nüsse kann Parmesan verwendet werden, der vor dem Backen über den Kuchen gestreut wird.

2

4

6

Zwiebelkuchen

Für 6 Personen

ZUTATEN

250 g Mürbeteig, TK-Ware aufgetaut
40 g Butter
75 g Schinkenspeck, gewürfelt
700 g Zwiebeln, geschält und in feine Ringe geschnitten
2 Eier, verquirlt
50 g Parmesan, gerieben
1 TL getrockneter Salbei
Salz und Pfeffer

1 Den Teig auf einer leicht bemehlten Arbeitsfläche ausrollen und in eine Springform (24 cm Ø) einpassen.

2 Den Teig mit einer Gabel einstechen und 30 Minuten kalt stellen.

3 Die Butter in einem Topf erhitzen. Speck und Zwiebeln darin bei geringer Hitze etwa 25 Minuten weich dünsten. Wenn die Zwiebelringe braun werden, 1 Esslöffel Wasser zugeben.

4 Die Eier mit der Zwiebelmischung verrühren. Käse und Salbei zugeben, alles mit Salz und Pfeffer würzen und gut vermengen.

5 Die so entstandene Mischung auf dem vorbereiteten Teig verteilen.

6 Den Kuchen in einem auf 180 °C vorgeheizten Ofen 20–30 Minuten backen, bis die Füllung stockt. Anschließend einige Minuten in der Form abkühlen lassen und warm oder kalt servieren.

VARIATION

Vegetarier können den Speck durch die gleiche Menge gehackter Pilze ersetzen.

2

3

5

Pissaladière

Für 8 Personen

ZUTATEN

4 EL Olivenöl
700 g rote Zwiebeln, in dünne Ringe geschnitten
2 Knoblauchzehen
2 TL feiner Zucker
2 EL Rotweinessig
Salz und Pfeffer
350 g Blätterteig, TK-Ware aufgetaut

BELAG:
100 g Anchovis
12 grüne Oliven, entsteint
1 TL getrockneter Majoran

1 Eine kleine Backform leicht einfetten. Olivenöl in einem großen Topf erhitzen. Zwiebeln und Knoblauch darin unter gelegentlichem Rühren bei geringer Hitze 30 Minuten weich dünsten.

2 Zucker und Rotweinessig zufügen und alles mit reichlich Salz und Pfeffer würzen.

3 Den Teig auf einer leicht bemehlten Arbeitsfläche ausrollen und in die vorbereitete Form einpassen.

4 Die Zwiebelmasse auf dem Teig verteilen.

5 Anchovis und Oliven darüberlegen und alles mit Majoran bestreuen.

6 Den so vorbereiteten Kuchen in einem auf 220 °C vorgeheizten Ofen 20–25 Minuten backen, bis der Teig leicht gebräunt ist. Aus dem Ofen nehmen und sofort servieren.

VARIATION

Für einen Partysnack die Pissaladière in kleine handliche Stücke schneiden.

Käse-Zwiebel-Küchlein

Für 12 Personen

ZUTATEN

TEIG:
100 g Mehl
1/4 TL Salz
75 g Butter, in kleinen Stückchen
1–2 EL Wasser

FÜLLUNG:
1 Ei, verquirlt
100 ml Sahne
50 g Red-Leicester-Käse ersatzweise alter Gouda, gerieben
3 Frühlingszwiebeln, fein gehackt
Salz
Cayennepfeffer

1 Für den Teig Mehl und Salz in eine große Schüssel sieben. Die Butter mit den Fingern in der Mehlmischung verreiben, bis ein krümeliger Teig entsteht. Wasser zugießen und alles zu einem glatten Teig verarbeiten.

2 Den Teig auf einer leicht bemehlten Arbeitsfläche ausrollen. 12 Kreise mit einem Durchmesser von 7 1/2 cm daraus ausstechen und in ein Pastetenblech legen.

3 Für die Füllung Ei, Sahne, Käse und Frühlingszwiebeln in einem Mixbecher verquirlen und mit Salz und Cayennepfeffer würzen.

4 Die so entstandene Mischung auf die Teigkreise verteilen und diese in einem auf 180 °C vorgeheizten Ofen 20–25 Minuten backen, bis die Füllung stockt. Die fertigen Kuchen warm oder kalt servieren.

VARIATION

Die Küchlein zusätzlich mit je einer Tomatenscheibe belegen.

TIPP

Eilige können die Küchlein auch mit 175 g fertigem Mürbeteig zubereiten.

2

3

4

Schinken-Käse-Taschen

Ergibt 6 Stück

ZUTATEN

250 g Blätterteig, TK-Ware aufgetaut
50 g Schinkenspeck, gewürfelt
125 g Frischkäse
2 EL frisch gehackter Schnittlauch
Pfeffer
1 Ei, verquirlt
2 EL geriebener Parmesan

1 Den Teig auf einer leicht bemehlten Arbeitsfläche ausrollen und zu 12 Rechtecken mit einer Seitenlänge von 15 cm x 5 cm schneiden.

2 Die Teigstreifen auf ein eingefettetes Backblech legen und 30 Minuten kalt stellen.

3 Schinken, Käse und Schnittlauch in einer kleinen Schüssel mischen und mit Pfeffer würzen.

4 6 Teigstreifen mit der Schinken-Käse-Mischung bestreichen. Dabei rundum einen Rand von 1 cm lassen und diesen mit dem Ei bestreichen.

5 Für das Gittermuster die restlichen Teigstreifen der Länge nach zusammenklappen und an der Faltkante mehrmals einschneiden. Dabei einen Rand von etwa 1 cm stehen lassen.

6 Die eingeschnittenen Teigstreifen aufklappen und über die belegten Streifen legen. Die Teigränder gut zusammendrücken und alle Gebäckstücke mit Parmesan bestreuen.

7 Die so vorbereiteten Taschen in einem auf 180 °C vorgeheizten Ofen 15–20 Minuten backen und heiß oder kalt servieren.

TIPP

Die Taschen können im Voraus zubereitet und vor dem Backen eingefroren werden.

Vegetarisch backen

Die vegetarische Küche ist nicht bloß eine Notlösung für Menschen, die kein Fleisch essen, sondern eine eigenständige Küche mit vielen köstlichen und nahrhaften Gerichten. Dank der Rezepte in diesem Kapitel können (nicht nur) Vegetarier und Veganer nach Herzenslust gesundes Gebäck genießen und dazu Füllungen und Beläge aller Art ausprobieren.

Für Veganer sind Sojamilch, die als Konzentrat, Pulver und trinkfertig erhältlich ist, sowie Pflanzenmargarine und andere pflanzliche Fette besonders wichtige Nährstofflieferanten.

Der für viele Vegetarier und Veganer unverzichtbare Tofu ist eine proteinhaltige und cholesterinfreie weißliche Masse aus Sojabohnen, die in süßen Gerichten ebenso vielseitig einsetzbar ist wie in herzhaften.

Für Teige und Beläge ohne Ei, wie sie in diesem Kapitel beschrieben werden, benötigt man zusätzliche Flüssigkeit (meistens Öl) und eine größere Menge Backtriebmittel.

Samosas

Für 4 Personen

ZUTATEN

225 g Weizen-Vollkornmehl
100 g Pflanzenmargarine, in kleinen Stückchen
4 EL Wasser
2 EL Öl

225 g Wurzelgemüse (z. B. Kartoffeln, Karotten und Pastinaken), in Scheiben geschnitten
1 kleine Zwiebel, gehackt
2 Knoblauchzehen, fein gehackt

½ TL Currypulver
½ TL Kurkuma
½ TL gemahlener Kreuzkümmel
½ TL körniger Senf
5 EL Gemüsebrühe
Sojamilch, zum Glasieren

1 Das Mehl in eine große Schüssel geben. Die Margarine mit den Fingern darin verreiben, bis ein krümeliger Teig entsteht. Wasser zugeben und alles zu einem glatten Teig verarbeiten. Den Teig in Frischhaltefolie wickeln und 30 Minuten kalt stellen.

2 Für die Füllung das Öl in einer großen Pfanne erhitzen. Wurzelgemüse, Zwiebel und Knoblauch zugeben. Alles 2 Minuten garen, dann die Gewürze und den Senf einrühren. Das Gemüse gründlich in den Gewürzen wenden und 1 weitere Minute garen.

3 Die Gemüsebrühe zugießen und aufkochen lassen. Die Hitze reduzieren, die Pfanne abdecken und alles 20 Minuten unter gelegentlichem Rühren köcheln lassen, bis das Gemüse zart ist und die Brühe aufgesogen hat. Anschließend abkühlen lassen.

4 Den Teig in 4 Stücke teilen. Diese zu Kreisen von 15 cm Durchmesser ausrollen. Die Füllung jeweils auf eine Kreishälfte geben.

5 Die Teigränder mit Sojamilch bestreichen, die Kreise zusammenklappen und die Ränder festdrücken. Die fertigen Taschen auf ein Backblech legen und in einem auf 200 °C vorgeheizten Ofen 25–30 Minuten goldbraun backen.

Paranusskuchen mit Champignons

Für 4–6 Personen

ZUTATEN

TEIG:
100 g Pflanzenmargarine, in kleinen Stückchen
225 g Weizen-Vollkornmehl
4 EL Wasser
Sojamilch, zum Glasieren

FÜLLUNG:
25 g Pflanzenmargarine
1 Zwiebel, gehackt
1 Knoblauchzehe, fein gehackt
125 g Champignons, in Scheiben geschnitten
1 EL Mehl
150 ml Gemüsebrühe
1 EL Tomatenmark
175 g Paranüsse, gehackt
75 g Vollkorn-Semmelbrösel
2 EL frisch gehackte Petersilie
1/2 TL Pfeffer

1 Die Margarine mit den Fingern im Mehl verreiben, bis ein krümeliger Teig entsteht. Wasser zugeben und alles zu einem glatten Teig verarbeiten. Den Teig in Frischhaltefolie wickeln und 30 Minuten kalt stellen.

2 Für die Füllung die Margarine in einer Pfanne zerlassen, Zwiebeln, Knoblauch und Pilze zufügen und 5 Minuten weich dünsten. Das Mehl zugeben und unter Rühren 1 Minute kochen. Langsam die Brühe einrühren, bis eine glatte, dickflüssige Sauce entsteht. Tomatenmark, Nüsse, Semmelbrösel, Petersilie und Pfeffer zugeben. Dann die Füllung etwas abkühlen lassen.

3 Zwei Drittel des Teigs ausrollen und in eine Springform (20 cm Ø) einpassen. Die Füllung darauf verteilen. Die Teigränder mit Sojamilch bestreichen. Den restlichen Teig ausrollen und auf die Füllung legen. Die Teigränder zusammendrücken, die Oberfläche leicht einritzen und mit Sojamilch bestreichen. Dann in einem auf 200 °C vorgeheizten Ofen 30–40 Minuten goldbraun backen.

Linsen-Paprika-Kuchen

Für 6–8 Personen

ZUTATEN

TEIG:
225 g Weizen-Vollkornmehl
100 g Pflanzenmargarine, in kleinen Stückchen
4 EL Wasser

FÜLLUNG:
175 g rote Linsen, gewaschen
300 ml Gemüsebrühe
15 g Pflanzenmargarine
1 Zwiebel, gehackt
2 rote Paprika, gewürfelt
1 TL Hefe-Extrakt
1 EL Tomatenmark
3 EL frisch gehackte Petersilie
Pfeffer

1 Für den Teig das Mehl in eine Schüssel geben. Die Margarine mit den Fingern darin verreiben, bis ein krümeliger Teig entsteht. Das Wasser zufügen und alles zu einem glatten Teig verarbeiten. Den Teig in Frischhaltefolie wickeln und 30 Minuten kalt stellen.

2 Für die Füllung Linsen und Brühe in einem Topf zum Kochen bringen. Dann die Hitze reduzieren und alles 10 Minuten köcheln lassen, bis die Linsen so weich sind, dass sie anschließend zu Püree verarbeitet werden können.

3 Die Margarine in einem kleinen Topf zerlassen. Zwiebeln und Paprika darin weich dünsten.

4 Linsenpüree, Hefe-Extrakt, Tomatenmark und Petersilie zugeben. Alles mit Pfeffer würzen und gut durchmischen.

5 Den Teig auf einer leicht bemehlten Arbeitsfläche ausrollen und in eine Springform (24 cm Ø) einpassen. Den Teigboden mehrmals mit einer Gabel einstechen und die Linsenmischung darauf verteilen.

6 Den so vorbereiteten Kuchen in einem auf 200 °C vorgeheizten Ofen 30 Minuten backen, bis die Füllung fest ist.

Knoblauch-Salbei-Ring

Für 4–6 Personen

ZUTATEN

250 g Vollkornmehl Type 550
1 Päckchen Trockenhefe
3 EL frisch gehackter Salbei
2 TL Meersalz
3 Knoblauchzehen, fein gehackt
1 TL Honig
150 ml lauwarmes Wasser

1 Ein Backblech einfetten. Das Mehl in eine große Schüssel sieben und mit der ausgesiebten Kleie verrühren.

2 Trockenhefe, Salbei und die Hälfte des Salzes untermischen. 1 Teelöffel Knoblauch zum Bestreuen beiseitelegen, den restlichen Knoblauch unterrühren. Honig und Wasser zugeben und alles zu einem festen Teig verarbeiten.

3 Den Teig von Hand auf einer leicht bemehlten Arbeitsfläche oder mit den Knethaken eines elektrischen Rührgeräts etwa 5 Minuten glatt kneten.

4 Den Teig in eine eingefettete Schüssel geben, abdecken und an einem warmen Ort gehen lassen, bis sich sein Volumen verdoppelt hat.

5 Den Teig erneut ein paar Minuten durchkneten. Dann zu einem Ring formen und auf das vorbereitete Backblech legen.

6 Den fertigen Ring abdecken und erneut 30 Minuten gehen lassen, bis der Teig elastisch ist. Dann mit dem restlichen Salz und dem übrigen Knoblauch bestreuen.

7 Den Ring in einem auf 200 °C vorgeheizten Ofen 25–30 Minuten backen und vor dem Servieren auf einem Rost abkühlen lassen.

Aprikosenschnitten

Ergibt 12 Schnitten

ZUTATEN

TEIG:
225 g Weizen-Vollkornmehl
50 g gemischte Nüsse, fein gemahlen
100 g Pflanzenmargarine, in kleinen Stückchen
4 EL Wasser
Sojamilch, zum Glasieren

FÜLLUNG:
225 g getrocknete Aprikosen
abgeriebene Schale von 1 Orange
300 ml Apfelsaft
1 TL gemahlener Zimt
50 g Rosinen

1 Eine Backform mit einer Seitenlänge von etwa 24 cm leicht einfetten. Für den Teig Mehl und Nüsse in eine große Schüssel geben. Die Margarine mit den Fingern in dieser Mischung verreiben, bis ein krümeliger Teig entsteht. Das Wasser zugeben und alles zu einem glatten Teig verarbeiten. Den Teig in Frischhaltefolie wickeln und 30 Minuten kalt stellen.

2 Für die Füllung Aprikosen, Orangenschale und Apfelsaft in einem Topf zum Kochen bringen. 30 Minuten köcheln lassen, bis die Aprikosen weich sind. Etwas abkühlen lassen, pürieren, dann Zimt und Rosinen einrühren.

3 Den Teig halbieren. Eine Hälfte ausrollen und auf das Backblech legen. Das Aprikosenpüree darauf verteilen und die Teigränder mit Wasser bestreichen. Den übrigen Teig ebenfalls ausrollen, die Masse damit abdecken und die Ränder zusammendrücken.

4 Die Teigdecke mit einer Gabel einstechen und mit Sojamilch bestreichen. Dann den Teig in einem auf 200 °C vorgeheizten Ofen 20–25 Minuten goldbraun backen. Etwas abkühlen lassen, in 12 Schnitten schneiden und noch warm servieren.

1

2

3

Tofukuchen

Für 6 Personen

ZUTATEN

125 g Vollkornkekse, zerkrümelt
50 g Pflanzenmargarine, zerlassen
50 g Datteln, entsteint und gehackt
4 EL Zitronensaft
abgeriebene Schale von 1 Zitrone
3 EL Wasser
350 g fester Tofu
150 ml Apfelsaft
1 Banane, zerdrückt
5 Tropfen Vanillearoma
1 Mango, geschält und gehackt

1 Eine Springform (18 cm Ø) leicht einfetten.

2 Kekse und Margarine in einer Schüssel vermengen. Die Mischung in die vorbereitete Springform geben und mit einem Löffel festdrücken.

3 Datteln, Zitronensaft, Zitronenschale und Wasser in einen Topf geben. Das Wasser zum Kochen bringen. 5 Minuten köcheln lassen, bis die Datteln weich sind. Anschließend die Datteln mit einer Gabel zerdrücken.

4 Tofu, Apfelsaft, Banane und Vanillearoma zugeben und alles mit einem Pürierstab oder in einer Küchenmaschine zu einem dickflüssigen, weichen Püree verarbeiten.

5 Das Früchtepüree auf den vorbereiteten Keksboden geben.

6 Den Kuchen in einem auf 180 °C vorgeheizten Ofen 30–40 Minuten goldbraun backen, in der Form etwas abkühlen lassen und vor dem Servieren kalt stellen.

7 Die Mango mit einem Pürierstab oder in einer Küchenmaschine zu einem sehr feinen Püree verarbeiten. Das Püree als Sauce zu dem gekühlten Tofukuchen servieren.

Gestürzter Ananaskuchen

Für 6 Personen

ZUTATEN

430 g ungesüßte Ananasstücke, abgetropft und Saft aufgefangen
4 TL Maismehl
50 g brauner Zucker
50 g Pflanzenmargarine, in kleinen Stückchen
125 ml Wasser
abgeriebene Schale von 1 Zitrone

BISKUIT:
50 ml Sonnenblumenöl
75 g brauner Zucker
150 ml Wasser
150 g Mehl
2 TL Backpulver
1 TL gemahlener Zimt
120 ml Ananassirup

1 Eine tiefe Kuchenform (18 cm Ø) einfetten. Ananassaft und Maismehl verrühren, mit Zucker, Margarine und Wasser in einen Topf geben und bei schwacher Hitze unter Rühren erwärmen, bis der Zucker aufgelöst ist. Dann die Hitze erhöhen, die Masse zum Kochen bringen und 2–3 Minuten köcheln lassen, bie sie eindickt. Beiseitestellen und etwas abkühlen lassen.

2 Für den Teig Öl, Zucker und Wasser in eine Pfanne geben. Vorsichtig erhitzen, bis der Zucker gelöst ist. Abkühlen lassen. Mehl, Backpulver und Zimt in eine Schüssel sieben. Den abgekühlten Zuckersirup darübergießen und alles zu einem glatten Teig verquirlen.

3 Ananasstücke und Zitronenschale in die vorbereitete Form geben und mit 4 Esslöffeln Ananassirup übergießen. Dann den Teig auf der Früchtemasse verteilen.

4 Den Kuchen in einem auf 180 °C vorgeheizten Ofen 35–40 Minuten backen, bis ein in die Mitte gestochener Metallspieß sauber bleibt. Dann stürzen, 5 Minuten abkühlen lassen, aus der Form nehmen und mit dem restlichen Sirup servieren.

Dattel-Aprikosen-Kuchen

Für 6–8 Personen

ZUTATEN

225 g Weizen-Vollkornmehl
50 g gemischte Nüsse, gemahlen
100 g Pflanzenmargarine, in kleinen Stückchen
4 EL Wasser
225 g getrocknete Aprikosen, gehackt
225 g Datteln, entsteint und gehackt
425 ml Apfelsaft
1 TL gemahlener Zimt
abgeriebene Schale von 1 Zitrone
Vanillesauce aus Sojamilch (nach Belieben)

1 Mehl und Nüsse in eine Schüssel geben. Die Margarine mit den Fingern darin verreiben, bis ein krümeliger Teig entsteht. Das Wasser zufügen und alles zu einem glatten Teig verarbeiten. Den Teig in Frischhaltefolie wickeln und 30 Minuten kalt stellen.

2 Aprikosen, Datteln, Apfelsaft, Zimt und Zitronenschale in einen kleinen Topf geben. Zum Kochen bringen, abdecken und 15 Minuten köcheln lassen, bis die Früchte zu einem weichen Mus zerfallen sind.

3 Etwas Teig für die Gitterstreifen beiseitelegen. Den restlichen Teig auf einer bemehlten Arbeitsfläche ausrollen und in eine Springform (24 cm Ø) einpassen.

4 Die Fruchtfüllung auf dem Teig in der Form verteilen. Den restlichen Teig ausrollen und in 1 cm breite Streifen schneiden. Die Streifen verzwirbeln und gitterartig über die Fruchtmasse legen. Die Enden der Streifen mit Wasser befeuchten und am Kuchenrand festdrücken.

5 Den Kuchen in einem auf 200 °C vorgeheizten Ofen 25–30 Minuten goldbraun backen. In Scheiben schneiden und mit Vanillesauce servieren.

Birnenauflauf

Für 6 Personen

ZUTATEN

6 Dessertbirnen
1 EL frisch gehackter Ingwer
1 EL Zuckerrübensirup
2 EL Orangensaft

STREUSEL:
175 g Mehl
75 g Pflanzenmargarine, in kleinen Stückchen
25 g gehobelte Mandeln
25 g Haferflocken
50 g Zuckerrübensirup

1 Eine Auflaufform (1 l Inhalt) leicht einfetten.

2 Die Birnen schälen, entkernen, vierteln und in Scheiben schneiden. Dann mit Ingwer, Sirup und Orangensaft in einer Schüssel mischen. Die fertige Mischung in die vorbereitete Form geben.

3 Für die Streusel das Mehl in eine Schüssel sieben. Die Margarine mit den Fingern darin verreiben, bis ein krümeliger Teig entsteht. Mandeln, Haferflocken und Sirup zugeben und gut unterrühren.

4 Die Streusel gleichmäßig über die Birnenmischung in der Form verteilen.

5 Den fertigen Auflauf in einem auf 190 °C vorgeheizten Ofen 30 Minuten goldbraun backen.

VARIATION

Für einen würzigeren Geschmack kann bei Schritt 3 1 Teelöffel Piment zugegeben werden.

Biskuit ohne Ei

Ergibt 1 Kuchen

ZUTATEN

225 g Weizen-Vollkornmehl
4 TL Backpulver
175 g Zucker
6 EL Sonnenblumenöl
250 ml Wasser
5 Tropfen Vanillearoma
4 EL zuckerreduzierte Erdbeer- oder Himbeermarmelade
feiner Zucker, zum Bestreuen

1 2 runde Kuchenformen (je 20 cm Ø) einfetten und mit Backpapier auslegen.

2 Mehl und Backpulver in eine große Schüssel sieben. Die ausgesiebte Kleie zugeben und untermischen. Dann den Zucker einrühren.

3 Sonnenblumenöl, Wasser und Vanillearoma zufügen und alles 1 Minute lang verrühren, bis ein weicher Teig entsteht.

4 Den fertigen Teig auf die vorbereiteten Backformen verteilen.

5 Den Teig in einem auf 180 °C vorgeheizten Ofen 25–30 Minuten backen, bis 2 elastische Böden entstanden sind. Die Böden in den Formen etwas abkühlen lassen, dann auf einen Rost legen.

6 Das Backpapier entfernen. Einen der Böden auf einen Kuchenteller legen und mit Marmelade bestreichen. Den anderen Boden auf die Marmeladenschicht legen und den fertigen Kuchen mit etwas Zucker bestreuen.

VARIATION

Statt des Sonnenblumenöls zerlassene vegane Butter oder Margarine verwenden. Vor dem Zufügen bei Schritt 3 abkühlen lassen.

3

3

4

Kuchen & Kleingebäck

Eine ganze Kultur ist mit Kaffee und Kuchen am Nachmittag verbunden – da geht es nicht darum, den Hunger zu stillen, sondern um Gemütlichkeit und Genuss. Dieses Kapitel lockt mit besonderen Variationen für die traditionelle Kaffeetafel – mit Eiern und Schmalz, Butter und Salz und vielen anderen Köstlichkeiten.

Egal wie viel Zeit und Arbeit Sie aufwenden möchten, Sie finden hier mit Sicherheit den passenden Kuchen, angefangen mit kleineren Kreationen wie Ingwerbrot, Möhrenkuchen oder Aprikosenschnitten mit weißer Schokolade, die zu Kaffee oder Tee besonders beliebt sind.

Soll es einmal schneller gehen, zaubern Sie einfach einen Mandelkuchen oder einen Zitronenkuchen mit Sirup, die Ihnen zuverlässig gelingen werden.

Andere Kuchen mit dem gewissen Etwas erfordern besondere Zutaten, wie der unwiderstehliche Nussig-fruchtige Olivenölkuchen oder das ungewöhnliche Mandelstreusel mit Kaffee-Aroma.

Nussig-fruchtiger Olivenölkuchen

Für 8 Personen

ZUTATEN

225 g Mehl
2 TL Backpulver
50 g feiner Zucker
125 ml Milch
4 EL Orangensaft
150 ml Olivenöl
100 g gemischte Trockenfrüchte
25 g Pinienkerne

1 Eine runde Kuchenform (18 cm Ø) einfetten und mit Backpapier auslegen.

2 Mehl und Backpulver in eine Schüssel sieben, dann den Zucker unterrühren.

3 Eine Mulde in die Mitte der Mehlmischung drücken, Milch und Orangensaft hineingießen und alles mit einem Holzlöffel verrühren.

4 Olivenöl zugießen und gut unterrühren.

5 Trockenfrüchte und Pinienkerne einrühren und die so entstandene Mischung in die vorbereitete Backform füllen.

6 Den Teig in einem auf 180 °C vorgeheizten Ofen etwa 45 Minuten backen, bis er goldbraun und fest geworden ist.

7 Den fertigen Kuchen in der Form kurz abkühlen lassen, dann auf einen Rost legen, in Scheiben schneiden und warm oder kalt servieren.

TIPP

Pinienkerne sind als wichtige Zutat des italienischen Pesto bekannt. Hier geben sie dem Kuchen einen feinen, rosinenartigen Geschmack.

Schokoladen-Birnen-Biskuit

Für 6 Personen

ZUTATEN

175 g weiche Butter
175 g brauner Zucker
3 Eier, verquirlt
150 g Mehl
1½ TL Backpulver
15 g Kakaopulver
2 EL Milch
2 kleine Birnen, geschält, entkernt und in Scheiben geschnitten

1 Eine Springform (24 cm Ø) einfetten und den Boden mit Backpapier auslegen.

2 Butter und Zucker in einer Schüssel schaumig schlagen.

3 Nach und nach die Eier zugeben und jeweils gründlich verquirlen.

4 Mehl, Backpulver und Kakao in die Mischung sieben und vorsichtig unterheben, bis alle Zutaten gut verbunden sind.

5 Die Milch einrühren, den so entstandenen Teig in die vorbereitete Form geben und mit der Rückseite eines Löffels glatt streichen.

6 Die Birnenscheiben fächerförmig auf den Teig legen.

7 Den so vorbereiteten Kuchen in einem auf 180 °C vorgeheizten Ofen etwa 1 Stunde backen, bis er gerade fest geworden ist.

8 Den fertigen Kuchen in der Form kurz abkühlen lassen, dann auf einen Rost legen und vor dem Servieren gänzlich auskühlen lassen.

TIPP

Die Torte mit einer Sauce aus geschmolzener Schokolade servieren.

Kümmelkuchen

Für 8 Personen

ZUTATEN

125 g weiche Butter
175 g brauner Zucker
3 Eier, verquirlt
350 g Mehl

$3^1/_2$ TL Backpulver
1 TL Kümmel
abgeriebene Schale von 1 Zitrone

6 EL Milch
etwas Zitronat

1 Eine 20–25 cm große Kastenform einfetten und mit Backpapier auslegen.

2 Die Butter und den Zucker in einer Schüssel schaumig schlagen.

3 Nach und nach die Eier zugeben und jeweils gründlich verquirlen.

4 Mehl und Backpulver in die Mischung sieben und gut unterrühren.

5 Kümmel, Zitronenschale und Milch zugeben und alle Zutaten gut miteinander vermengen.

6 Den fertigen Teig in die vorbereitete Form geben und glatt streichen.

7 Den Teig in einem auf 160 °C vorgeheizten Ofen 20 Minuten backen.

8 Den Teig aus dem Ofen nehmen, mit etwas Zitronat bestreuen und weitere 40 Minuten backen, bis er gut aufgegangen ist und ein in die Mitte eingestochener Metallspieß sauber bleibt.

9 Den fertigen Kuchen in der Form kurz abkühlen lassen, dann auf einen Rost legen und vor dem Servieren gänzlich auskühlen lassen.

TIPP

Zitronat finden Sie in der Backzutaten-Abteilung jedes Supermarkts. Sie können ebenso gut gemischtes Zitronat und Orangeat verwenden.

Klementinenkuchen

Für 8 Personen

ZUTATEN

2 Klementinen
175 g weiche Butter
175 g feiner Zucker
3 Eier, verquirlt
175 g Mehl
2 TL Backpulver
3 EL gemahlene Mandeln
3 EL Sahne

GLASUR UND DEKORATION:
6 EL Klementinensaft
2 EL feiner Zucker
3 Stücke weißer Würfelzucker, zerstoßen

1 Eine runde Kuchenform (18 cm Ø) einfetten und mit Backpapier auslegen.

2 Die Klementinen dünn abschälen und die Schale fein hacken. In eine Schüssel geben und mit Butter und Zucker schaumig schlagen.

3 Nach und nach die Eier zugeben und jeweils gründlich verquirlen.

4 Mehl und Backpulver vorsichtig untermischen, dann Mandeln und Sahne zufügen und den fertigen Teig in die vorbereitete Form geben.

5 Den Teig in einem auf 180 °C vorgeheizten Ofen 55–60 Minuten backen, bis ein in die Mitte gestochener Metallspieß sauber bleibt. Den fertigen Kuchen etwas abkühlen lassen.

6 Für die Glasur Klementinensaft und Zucker in einem kleinen Topf zum Kochen bringen und 5 Minuten köcheln lassen.

7 Die Glasur über den Kuchen träufeln, bis sie aufgesogen ist. Dann mit dem zerstoßenen Würfelzucker bestreuen.

TIPP

Statt von Hand die Klementinenschale zusammen mit dem Zucker in der Küchenmaschine zerkleinern. Die Mischung dann mit der Butter in eine Schüssel geben und gut verquirlen.

Kuchen mit kandierten Früchten

Für 8 Personen

ZUTATEN

175 g weiche Butter
175 g feiner Zucker
3 Eier, verquirlt
175 g Mehl
2 TL Backpulver
25 g Reismehl
fein abgeriebene Schale von 1 Zitrone
4 EL Zitronensaft
125 g Zitronat und Orangeat
Puderzucker, zum Bestäuben

1 Eine runde Kuchenform (18 cm Ø) einfetten und mit Backpapier auslegen.

2 Butter und Zucker in einer Schüssel schaumig schlagen.

3 Nach und nach die Eier zugeben. Dann Mehl, Backpulver und Reismehl unterrühren.

4 Erst die Zitronenschale, dann den Saft einrühren. Zuletzt Zitronat und Orangeat zugeben.

5 Den so entstandenen Teig in die vorbereitete Form geben und mit einem Löffel glatt streichen.

6 Den Teig in einem auf 180 °C vorgeheizten Ofen 60–70 Minuten backen, bis er gut aufgegangen ist und ein in die Mitte gestochener Metallspieß sauber bleibt.

7 Den fertigen Kuchen 5 Minuten in der Form abkühlen lassen, dann auf einen Rost legen und gänzlich auskühlen lassen.

8 Den Kuchen vor dem Servieren mit Puderzucker bestreuen.

TIPP

Zitronat und Orangeat vor dem Verarbeiten waschen und trocken tupfen, damit sie beim Backen nicht auf den Boden sinken.

Aprikosenschnitten mit Schokolade

Ergibt 12 Schnitten

ZUTATEN

125 g Butter
175 g weiße Schokolade, gehackt
4 Eier
125 g feiner Zucker
200 g Mehl, gesiebt
1 TL Backpulver
1 Prise Salz
100 g getrocknete Aprikosen, gehackt

1 Eine Kuchenform mit einer Seitenlänge von 20 cm einfetten und mit Backpapier auslegen.

2 Butter und Schokolade im heißen Wasserbad schmelzen. Die Mischung dabei gelegentlich mit einem Holzlöffel umrühren, bis sie glatt ist und glänzt. Anschließend vom Herd nehmen und etwas abkühlen lassen.

3 Eier und Zucker zugeben und gut mit der Schokoladenmischung verquirlen.

4 Mehl, Backpulver, Salz und Aprikosen behutsam unterrühren.

5 Den fertigen Teig in die vorbereitete Backform geben und in einem auf 180 °C vorgeheizten Ofen 25–30 Minuten backen.

6 Der Teig ist in der Mitte möglicherweise noch nicht ganz fest, er wird sich beim Abkühlen in der Form aber noch setzen.

7 Den ganz abgekühlten Kuchen aus der Form nehmen und in quadratische oder rechteckige Stücke schneiden.

VARIATION

Statt weißer Schokolade Vollmilch- oder Zartbitterschokolade verwenden.

Knuspriger Früchtekuchen

Für 8–10 Personen

ZUTATEN

100 g weiche Butter
100 g feiner Zucker
2 Eier, verquirlt
50 g Mehl, gesiebt
1 1/2 TL Backpulver
100 g Polenta
225 g gemischte Trockenfrüchte
25 g Pinienkerne
abgeriebene Schale von 1 Zitrone
4 EL Zitronensaft
2 EL Milch

1 Eine Backform (18 cm Ø) einfetten oder mit Backpapier auslegen.

2 Butter und Zucker in einer Schüssel schaumig schlagen.

3 Nach und nach die Eier zugeben und jeweils gründlich verquirlen.

4 Mehl, Backpulver und Polenta zugeben und gründlich unterrühren.

5 Trockenfrüchte, Pinienkerne, Zitronenschale, Zitronensaft und Milch einrühren.

6 Den fertigen Teig in die vorbereitete Form füllen und glatt streichen.

7 Den Teig in einem auf 180 °C vorgeheizten Ofen 1 Stunde backen, bis ein in die Mitte gestochener Metallspieß sauber bleibt.

8 Den fertigen Kuchen vor dem Servieren in der Form abkühlen lassen.

VARIATION

Für einen etwas leichteren Kuchen anstelle der Polenta 150 g Mehl und 1 1/2 Teelöffel Backpulver verwenden.

2

3

5

Schokoladenschnitten

Für 10–12 Personen

ZUTATEN

225 g Butter
100 g Zartbitterschokolade, gehackt
150 ml Wasser
300 g Mehl
2 TL Backpulver
275 g brauner Zucker
150 ml saure Sahne
2 Eier, verquirlt

GLASUR:
200 g Zartbitterschokolade
90 ml Wasser
3 EL Sahne
1 EL Butter, gekühlt

1 Ein Backblech (32 cm x 20 cm) einfetten oder mit Backpapier auslegen. Butter, Schokolade und Wasser in einen Topf geben und unter ständigem Rühren schmelzen.

2 Mehl und Backpulver in eine Schüssel sieben und mit dem Zucker vermengen.

3 Die heiße Schokoladenmasse in die Schüssel gießen und alles gleichmäßig verrühren. Dann die saure Sahne, anschließend die Eier einrühren.

4 Den fertigen Teig auf dem vorbereiteten Backblech verteilen und in einem auf 190 °C vorgeheizten Ofen 40–45 Minuten backen.

5 Den Teig in der Form etwas abkühlen lassen, dann auf einen Rost legen, damit er ganz auskühlen kann.

6 Für die Glasur die Schokolade mit dem Wasser bei sehr geringer Hitze schmelzen, dann die Sahne einrühren. Die Mischung vom Herd nehmen und die Butter einrühren. Den fertigen Schokoguss über den ausgekühlten Teig gießen und gleichmäßig darauf verteilen.

Schokoladen-Mandel-Kuchen

Für 10 Personen

ZUTATEN

225 g Zartbitterschokolade, grob gehackt
3 EL Wasser
150 g brauner Zucker
175 g weiche Butter
25 g gemahlene Mandeln
3 EL Mehl
1 Msp. Backpulver
5 Eier, getrennt
100 g geschälte Mandeln, fein gehackt
Puderzucker
Sahne, zum Servieren (nach Belieben)

1 Eine Springform (24 cm Ø) einfetten.

2 Die Schokolade mit dem Wasser in einen Topf geben und bei sehr schwacher Hitze unter ständigem Rühren schmelzen. Den Zucker zugeben und weiterrühren, bis er aufgelöst ist. Dann den Topf vom Herd nehmen.

3 Die Butter in kleinen Portionen zugeben und in der noch warmen Schokolade schmelzen. Dann Mandeln, Mehl und Backpulver einrühren. Nach und nach das Eigelb zugeben und gründlich unterrühren.

4 Das Eiweiß in einem Mixbecher steif schlagen und mit einem Metalllöffel vorsichtig unter die Schokoladenmasse heben. Die gehackten Mandeln einrühren. Dann die Masse in die vorbereitete Form geben und glatt streichen.

5 Den Teig in einem auf 180 °C vorgeheizten Ofen 40–45 Minuten backen, bis er gut aufgegangen und fest ist (der Teig platzt beim Backen oben auf).

6 Den fertigen Kuchen 30–40 Minuten in der Form abkühlen lassen, dann zum Auskühlen auf einen Rost stellen. Mit Puderzucker bestäuben, in Stücke schneiden und nach Belieben mit Sahne servieren.

Möhrenkuchen

Ergibt 12 Schnitten

ZUTATEN

125 g Mehl
$1\frac{1}{4}$ TL Backpulver
1 Prise Salz
1 TL gemahlener Zimt
125 g brauner Zucker
2 Eier, verquirlt
100 ml Sonnenblumenöl

125 g Möhren, fein gerieben
25 g Kokosraspel
25 g Walnüsse, gehackt

CREME:
50 g weiche Butter
50 g Frischkäse
225 g Puderzucker, gesiebt
1 TL Zitronensaft

Walnussstücke, zum Dekorieren

1 Eine Backform mit einer Seitenlänge von 20 cm leicht einfetten oder mit Backpapier auslegen.

2 Mehl, Backpulver, Salz und Zimt in eine große Schüssel sieben. Den Zucker zugeben, Eier und Öl zufügen und alles gut unterrühren.

3 Möhren, Kokosraspeln und Walnüsse zugeben und unterrühren.

4 Den fertigen Teig in die vorbereitete Form füllen und in einem auf 180 °C vorgeheizten Ofen 20–25 Minuten backen, bis er gerade fest ist. Dann in der Form abkühlen lassen.

5 In der Zwischenzeit für die Creme Butter, Frischkäse, Puderzucker und Zitronensaft in einer Schüssel verrühren, bis die Mischung weich und cremig geworden ist.

6 Den fertigen Kuchen aus der Form nehmen und in 12 Stücke schneiden. Die so entstandenen Schnitten mit der vorbereiteten Creme bestreichen und mit Walnussstücken dekorieren.

Zitronenkuchen mit Sirup

Für 8 Personen

ZUTATEN

200 g Mehl
2 TL Backpulver
200 g feiner Zucker
4 Eier
150 ml saure Sahne
abgeriebene Schale von 1 großen Zitrone
4 EL Zitronensaft
150 ml Sonnenblumenöl

SIRUP:
4 EL Puderzucker
3 EL Zitronensaft

1 Eine Springform (20 cm Ø) einfetten.

2 Mehl und Backpulver in eine Schüssel sieben und mit dem Zucker vermengen.

3 In einer zweiten Schüssel Eier, saure Sahne, Zitronenschale, Zitronensaft und Öl verquirlen.

4 Diese Mischung zu den trockenen Zutaten geben und alles zu einem glatten Teig verarbeiten.

5 Den Teig in die vorbereitete Form geben und in einem auf 180 °C vorgeheizten Ofen 45–60 Minuten goldbraun backen.

6 Währenddessen für den Sirup Puderzucker und Zitronensaft in einen kleinen Topf geben. Bei geringer Hitze so lange unter Rühren erwärmen, bis die Mischung Bläschen wirft und eindickt.

7 Nachdem der Kuchen aus dem Ofen genommen wurde, sofort von oben mit einem dünnen Spieß einstechen. Dann den Sirup auf dem Kuchen verstreichen. Den fertigen Kuchen vor dem Servieren in der Form ganz auskühlen lassen.

TIPP

Die Oberfläche sollte eingestochen werden, damit der Kuchen den Sirup besser aufnimmt.

3

4

7

Orangen-Gugelhupf

Für 6–8 Personen

ZUTATEN

225 g weiche Butter
225 g feiner Zucker
4 Eier, getrennt
425 g Mehl
3 TL Backpulver
1 Prise Salz

300 ml frisch gepresster Orangensaft
1 EL Orangenblütenwasser
1 TL abgeriebene Orangenschale

SIRUP:
200 ml Orangensaft
200 g Kristallzucker

1 Eine Gugelhupfform (24–26 cm Ø) einfetten.

2 Butter und Zucker in einer Schüssel schaumig schlagen. Nach und nach das Eigelb zugeben und gut mit der Buttermischung verquirlen.

3 Mehl, Backpulver und Salz in eine Schüssel sieben. Jeweils abwechselnd etwas von dieser Mehlmischung und von dem Orangensaft zu der Butter-Ei-Masse geben und gut mit dieser vermengen. Danach das Orangenblütenwasser und die Orangenschale einrühren.

4 Das Eiweiß steif schlagen und unter die Mischung heben.

5 Den fertigen Teig in die vorbereitete Form geben und in einem auf 180 °C vorgeheizten Ofen 50–55 Minuten backen, bis ein in die Mitte gestochener Metallspieß sauber bleibt.

6 Orangensaft und Zucker in einem Topf zum Kochen bringen und 5 Minuten köcheln lassen, bis der Zucker aufgelöst ist.

7 Den Kuchen aus dem Ofen nehmen, 10 Minuten in der Form abkühlen lassen, die Oberfläche einstechen und mit der Hälfte des Sirups bestreichen. Den Kuchen erneut 10 Minuten abkühlen lassen, auf einen Rost stürzen und mit dem restlichen Sirup bestreichen.

Kokosnusskuchen

Für 6–8 Personen

ZUTATEN

225 g Mehl
2 TL Backpulver
1 Prise Salz
100 g Butter, in kleinen Stückchen
100 g brauner Kristallzucker
100 g Kokosraspel
2 Eier, verquirlt
4 EL Milch
Kokosraspel, zum Bestreuen

1 Eine 20–25 cm große Kastenform einfetten und den Boden mit Backpapier auslegen.

2 Mehl, Backpulver und Salz in eine Schüssel sieben. Die Butter mit den Fingern in der Mehlmischung verreiben, bis ein krümeliger Teig entsteht.

3 Zucker, Kokosraspeln, Eier und Milch unterrühren, bis der Teig so weich geworden ist, dass er vom Löffel tropft.

4 Den fertigen Teig in die vorbereitete Form geben, glatt streichen und in einem auf 160 °C vorgeheizten Ofen 30 Minuten backen.

5 Den Kuchen aus dem Ofen nehmen, mit Kokosraspeln bestreuen und weitere 30 Minuten goldbraun backen, bis ein in die Mitte gestochener Metallspieß sauber bleibt.

6 Den fertigen Kuchen zunächst in der Form etwas abkühlen lassen, dann auf einen Rost legen und vor dem Servieren ganz auskühlen lassen.

TIPP

Für ein intensiveres Aroma den Kuchen vor dem Verzehr einige Tage kühl und trocken lagern.

Apfelkuchen mit Cidre

Ergibt 1 Kuchen

ZUTATEN

- 225 g Mehl
- 3 TL Backpulver
- 75 g Butter, in kleinen Stückchen
- 75 g feiner Zucker
- 50 g getrocknete Apfelscheiben, gehackt
- 75 g Rosinen
- 150 ml süßer Cidre
- 1 Ei, verquirlt
- 175 g Himbeeren

1 Eine Kuchenform (20 cm Ø) einfetten und mit Backpapier auslegen.

2 Mehl und Backpulver in eine Schüssel sieben. Die Butter mit den Fingern in der Mehlmischung verreiben, bis ein krümeliger Teig entsteht.

3 Zucker, Apfelstückchen und Rosinen zugeben und gut unterrühren.

4 Cidre und Ei zugießen und alles zu einem weichen Teig verarbeiten. Dann vorsichtig die Himbeeren untermischen, ohne sie zu zerquetschen.

5 Den fertigen Teig in die vorbereitete Form geben.

6 Den Teig in einem auf 190 °C vorgeheizten Ofen 40 Minuten leicht goldbraun backen. In der Form etwas abkühlen lassen, dann auf einen Rost legen und vor dem Servieren gänzlich auskühlen lassen.

VARIATION

Den Cidre durch englischen Cider oder klaren Apfelsaft ersetzen.

Gewürzter Apfelkranz

Für 8 Personen

ZUTATEN

175 g weiche Butter
175 g feiner Zucker
3 Eier, verquirlt
175 g Mehl
2 TL Backpulver
1 TL gemahlener Zimt
1 TL Mixed Spice (s. Tipp S. 78), ersatzweise Piment
2 Äpfel, entkernt und geraspelt
2 EL Apfelsaft oder Milch
25 g gehobelte Mandeln

1 Eine Napfkuchenform (24 cm Ø) leicht einfetten.

2 Butter und Zucker in einer Schüssel schaumig schlagen. Nach und nach die Eier zufügen und gründlich verquirlen.

3 Mehl, Backpulver, Zimt und Mixed Spice oder Piment in die Buttermischung sieben und vorsichtig unterheben.

4 Äpfel und Apfelsaft oder Milch zugeben und alles zu einem weichen Teig verarbeiten, der leicht vom Löffel tropft.

5 Die Mandeln auf dem Boden der vorbereiteten Form verteilen. Den Teig darübergeben und glatt streichen.

6 Den so vorbereiteten Kuchen in einem auf 180 °C vorgeheizten Ofen 30 Minuten backen, bis er gut aufgegangen ist und ein in die Mitte gestochener Metallspieß sauber bleibt.

7 Den fertigen Kranz in der Form etwas abkühlen lassen, auf einen Rost legen und ganz auskühlen lassen.

TIPP

Anstelle der Napfkuchenform kann auch eine Springform (18 cm Ø) verwendet werden.

4

5

5

Marmorkuchen

Für 8 Personen

ZUTATEN

175 g weiche Butter
175 g feiner Zucker
3 Eier, verquirlt

150 g Mehl, gesiebt
$1\frac{1}{2}$ TL Backpulver
25 g Kakaopulver, gesiebt

5–6 EL Orangensaft
abgeriebene Schale von 1 Orange

1 Eine Napfkuchenform (25 cm Ø) leicht einfetten.

2 Butter und Zucker in einer Schüssel schaumig schlagen.

3 Nach und nach die Eier zugeben und gründlich unterrühren.

4 Vorsichtig Mehl und Backpulver unterheben, und die Hälfte des Teigs in eine zweite Schüssel geben.

5 Kakaopulver und die Hälfte des Orangensafts in eine der beiden Schüsseln geben und vorsichtig unterheben.

6 Orangenschale und den restlichen Orangensaft mit der zweiten Teigmischung verrühren.

7 Die beiden Teigmischungen abwechselnd in die vorbereitete Kuchenform löffeln, dann ein Backstäbchen durch die Mischung ziehen, sodass ein Marmormuster entsteht.

8 Den so vorbereiteten Kuchen in einem auf 180 °C vorgeheizten Ofen 30–35 Minuten backen, bis er gut aufgegangen ist und ein in die Mitte gestochener Metallspieß sauber bleibt. Den fertigen Kuchen in der Form kurz abkühlen lassen, dann auf einen Rost legen und gänzlich auskühlen lassen.

VARIATION

Für ein intensiveres Aroma 40 g gehackte Schokolade zu der Kakaomischung geben.

Mandelstreusel mit Kaffee-Aroma

Für 8 Personen

ZUTATEN

275 g Mehl
1 EL Backpulver
75 g feiner Zucker
150 ml Milch
2 Eier
100 g Butter, zerlassen und abgekühlt
2 EL löslicher Kaffee, mit 1 EL heißem Wasser gemischt
50 g Mandeln, gehackt
Puderzucker, zum Bestäuben

STREUSEL:
75 g Mehl
1 TL Backpulver
75 g brauner Kristallzucker
25 g Butter, in kleinen Stückchen
1 TL Mixed Spice (s. Tipp S. 78), ersatzweise Piment
1 EL Wasser

1 Eine Springform (24 cm Ø) einfetten. Mehl und Backpulver in eine Schüssel sieben. Den Zucker zugeben und alles gut vermengen.

2 Milch, Eier, Butter und Kaffee verquirlen und zu den trockenen Zutaten geben. Die Mandeln zugeben und vorsichtig mit den anderen Zutaten vermischen. Den fertigen Teig in die vorbereitete Backform füllen.

3 Für die Streusel Mehl, Backpulver und Kristallzucker mischen. Die Butter mit den Fingern in dieser Mischung verreiben, bis ein krümeliger Teig entsteht. Mixed Spice oder Piment und Wasser zugeben und alles zu Streuseln verarbeiten. Die Streusel über den vorbereiteten Teig streuen.

4 Den Teig in einem auf 190 °C vorgeheizten Ofen 50–60 Minuten backen. Wenn die Streusel zu schnell braun werden, die Form mit Alufolie abdecken. Den fertigen Kuchen in der Form etwas abkühlen lassen, dann aus der Form nehmen und kurz vor dem Servieren mit Puderzucker bestreuen.

Früchtekuchen ohne Zucker

Für 8–10 Personen

ZUTATEN

350 g Mehl
2 TL Backpulver
1 TL Mixed Spice (s. Tipp S. 78), ersatzweise Piment
125 g Butter, in kleinen Stückchen
75 g getrocknete Aprikosen, gehackt
75 g Datteln, gehackt
75 g kandierte Kirschen, gehackt
100 g Rosinen
125 ml Milch
2 Eier, verquirlt
abgeriebene Schale von 1 Orange
5–6 EL Orangensaft
3 EL flüssiger Honig

1 Eine runde Kuchenform (20 cm Ø) einfetten und den Boden mit Backpapier auslegen.

2 Mehl, Backpulver und Mixed Spice oder Piment in eine große Schüssel sieben.

3 Die Butter mit den Fingern in der Mehlmischung verreiben, bis ein krümeliger Teig entsteht.

4 Erst Aprikosen, Datteln, Kirschen und Rosinen, dann Milch, Eier, Orangenschale und -saft vorsichtig untermischen.

5 Den Honig zugeben und alles zu einem weichen Teig verarbeiten, der leicht vom Löffel tropft. Diesen in die vorbereitete Form geben und glatt streichen.

6 Den so vorbereiteten Kuchen in einem auf 180 °C vorgeheizten Ofen 1 Stunde backen, bis ein in die Mitte gestochener Metallspieß sauber bleibt. Aus dem Ofen nehmen und vor dem Servieren auskühlen lassen.

VARIATION

Wer es noch fruchtiger mag, kann den Honig durch 1 zerdrückte reife Banane ersetzen.

Mandelkuchen

Für 8 Personen

ZUTATEN

100 g Margarine
50 g brauner Zucker
2 Eier
175 g Mehl
3 TL Backpulver
4 EL Milch
2 EL flüssiger Honig
50 g gehobelte Mandeln

SIRUP:
150 ml flüssiger Honig
2 EL Zitronensaft

1 Eine Kuchenform (18 cm Ø) einfetten und mit Backpapier auslegen.

2 Margarine, Zucker, Eier, Mehl, Backpulver, Milch und Honig in einer großen Schüssel etwa 1 Minute lang gründlich verrühren.

3 Den so entstandenen Teig in die vorbereitete Form geben, glatt streichen und mit den Mandeln bestreuen.

4 Den Teig in einem auf 180 °C vorgeheizten Ofen 50 Minuten backen, bis er gut aufgegangen ist.

5 In der Zwischenzeit für den Sirup Honig und Zitronensaft in einem kleinen Topf etwa 5 Minuten köcheln lassen, bis die Mischung am Löffel kleben bleibt.

6 Den fertigen Kuchen, sobald er aus dem Ofen kommt, mit dem Sirup beträufeln und vor dem Servieren mindestens 2 Stunden abkühlen lassen.

2

3

6

Ingwerbrot

Ergibt 12 Stück

ZUTATEN

150 g Butter
175 g brauner Zucker
2 EL Zuckerrübensirup
225 g Mehl
1 TL Backpulver
2 TL Natron
2 TL gemahlener Ingwer
150 ml Milch
1 Ei, verquirlt
2 Äpfel, geschält, entkernt, gehackt und mit 1 EL Zitronensaft beträufelt

1 Eine Kuchenform mit einer Seitenlänge von 24 cm einfetten und mit Backpapier auslegen.

2 Butter, Zucker und Sirup in einem kleinen Topf bei geringer Hitze schmelzen. Anschließend abkühlen lassen.

3 Mehl, Backpulver, Natron und Ingwer in einer Schüssel vermengen.

4 Erst Milch, Ei und Buttermischung, dann die Äpfel zugeben.

5 Alle Zutaten vorsichtig vermengen und den fertigen Teig in die vorbereitete Form geben.

6 Den Teig in einem auf 170 °C vorgeheizten Ofen 30–35 Minuten backen, bis er aufgegangen ist und ein in die Mitte gestochener Metallspieß sauber bleibt.

7 Den fertigen Kuchen der Form etwas abkühlen lassen, dann herausnehmen und in 12 Stücke schneiden.

VARIATION

Für ein stärkeres Ingweraroma in Schritt 3 zusätzlich 25 g fein gehackten kandierten Ingwer zugeben.

Apfelküsse

Ergibt 4 Stück

ZUTATEN

150 g Mehl
1/2 TL Salz
1 TL Backpulver
1 EL feiner Zucker
25 g Butter, in kleinen Stückchen
50 ml Milch

FÜLLUNG:
3 Äpfel, geschält, entkernt und in Scheiben geschnitten
100 g feiner Zucker
1 EL Zitronensaft
1 TL gemahlener Zimt
300 ml Wasser

150 ml Sahne, leicht geschlagen

Puderzucker, zum Bestäuben

1 Ein Backblech leicht einfetten.

2 Mehl, Salz, Backpulver und Zucker in eine Schüssel geben. Die Butter mit den Fingern in dieser Mischung verreiben, bis ein krümeliger Teig entsteht. Die Milch zugeben und alles zu einem glatten Teig verarbeiten.

3 Den Teig kurz durchkneten und 1 cm dick ausrollen. Dann 4 Kreise mit einem Durchmesser von 5 cm daraus ausstechen, auf das vorbereitete Backblech legen und in einem auf 220 °C vorgeheizten Ofen etwa 15 Minuten backen, bis sie gut aufgegangen und leicht gebräunt sind. Anschließend abkühlen lassen.

4 Für die Füllung Apfelscheiben, Zucker, Zitronensaft und Zimt in einen Topf geben. Wasser zufügen, die Mischung zum Kochen bringen und ohne Deckel 5–10 Minuten köcheln lassen, bis die Äpfel weich sind. Anschließend etwas abkühlen lassen, dann die Äpfel aus dem Topf nehmen.

5 Die Teigkreise der Länge nach halbieren. Die unteren Hälften mit je einem Viertel Apfelscheiben und Sahne belegen. Die andere Hälfte darüberlegen und mit Puderzucker bestäuben.

2

3

4

Apfelbrötchen

Ergibt 8 Brötchen

ZUTATEN

225 g Mehl
2 TL Backpulver
1 EL feiner Zucker
1 Prise Salz
75 g Butter, in kleinen Stückchen
1 Apfel, geschält, entkernt und gehackt
1 Ei, verquirlt
2 EL Zuckerrübensirup
75 ml Milch

1 Ein Backblech leicht einfetten.

2 Mehl, Backpulver, Zucker und Salz in eine Schüssel sieben.

3 Die Butter mit den Fingern in der Mischung verreiben, bis ein krümeliger Teig entsteht.

4 Die Apfelstücke zugeben und unterrühren.

5 Ei, Sirup und Milch in einem Mixbecher verquirlen. Zu den trockenen Zutaten geben und alles zu einem glatten Teig verarbeiten.

6 Den Teig auf einer leicht bemehlten Arbeitsfläche 2 cm dick ausrollen und 8 Kreise von 5 cm Durchmesser daraus ausstechen.

7 Die Teigkreise auf das vorbereitete Backblech legen und in einem auf 220 °C vorgeheizten Ofen 8–10 Minuten backen.

8 Die fertigen Brötchen auf einen Rost legen und etwas abkühlen lassen.

9 Halbiert mit etwas Butter servieren.

TIPP

Tiefgekühlt sind diese Brötchen bis zu 1 Monat haltbar.

Kirschbrötchen

Ergibt 8 Brötchen

ZUTATEN

225 g Mehl
2 TL Backpulver
1 EL feiner Zucker
1 Prise Salz
75 g Butter, in kleinen Stückchen
40 g kandierte Kirschen, gehackt
40 g Sultaninen
1 Ei, verquirlt
50 ml Milch

1 Ein Backblech leicht einfetten.

2 Mehl, Backpulver, Zucker und Salz in eine große Schüssel sieben. Die Butter mit den Fingern in dieser Mischung verreiben, bis ein krümeliger Teig entsteht.

3 Die Kirschen und die Sultaninen in den Teig einrühren. Anschließend das Ei zugeben und ebenfalls unterrühren.

4 1 Esslöffel Milch für die Glasur zurückbehalten, den Rest zu der Fruchtmischung geben und alles zu einem weichen Teig verarbeiten.

5 Den Teig auf einer bemehlten Arbeitsfläche 2 cm dick ausrollen und 8 Kreise von 5 cm Durchmesser daraus ausstechen.

6 Die Teigkreise auf das vorbereitete Backblech legen, mit der zurückbehaltenen Milch bestreichen und in einem auf 220 °C vorgeheizten Ofen 8–10 Minuten goldbraun backen. Vor dem Servieren abkühlen lassen.

TIPP

Die Kirschbrötchen sind tiefgefroren bis zu 1 Monat haltbar.

Preiselbeer-Muffins

Ergibt 18 Muffins

ZUTATEN

225 g Mehl
2 TL Backpulver
1 Prise Salz
50 g feiner Zucker
50 g Butter, zerlassen
2 Eier, verquirlt
200 ml Milch
100 g frische Preiselbeeren
2 TL frisch geriebener Parmesan

1 2 Muffinbleche leicht einfetten.

2 Mehl, Backpulver und Salz in eine Schüssel sieben und mit dem Zucker vermengen.

3 Butter, Eier und Milch zunächst in einer zweiten Schüssel verquirlen, dann zu den trockenen Zutaten geben.

4 Alle Zutaten vorsichtig, aber gründlich vermengen, dann die Preiselbeeren unterheben.

5 Den so entstandenen Teig in die vorbereiteten Formen füllen.

6 Den Teig mit Parmesan bestreuen und in einem auf 200 °C vorgeheizten Ofen 20 Minuten goldbraun backen.

7 Die fertigen Muffins in der Form etwas abkühlen lassen, dann auf einen Rost legen und vor dem Servieren ganz auskühlen lassen.

VARIATION

Für eine süße Variante kann der Parmesan in Schritt 6 durch braunen Kristallzucker ersetzt werden.

2

4

6

Plätzchen & Schnitten

Kaum ein Gebäck ist so beliebt wie frische selbst gebackene Kekse. Die hier vorgestellte Auswahl an verführerischen Naschereien wird Ihre Geschmacksknospen anregen und Sie immer wieder in Versuchung führen.

Zitrusmonde, Meringen und Ingwerplätzchen sind schnell und einfach zubereitet, und beim Formen von Vanilleherzen, Kümmelkeksen und Zitronenplätzchen sind Ihrer Fantasie keine Grenzen gesetzt.

Für das hier vorgestellte Gebäck kommen nur die besten Zutaten in Frage: Nüsse sollten so frisch wie möglich sein, bei weißer und brauner Schokolade ist allererste Qualität angesagt, beim Zucker sollten Sie stets zu unraffiniertem Rohrzucker greifen, und natürlich können Sie für das beste Gebäck nicht auf gute Butter verzichten.

Lassen Sie Ihre gebackenen Kostbarkeiten zu guter Letzt stets auf einem Rost abkühlen, und bewahren Sie sie in einem luftdicht verschließbaren Behälter auf.

Gewürzplätzchen

Ergibt etwa 24 Stück

ZUTATEN

175 g Butter
175 g brauner Kristallzucker
225 g Mehl
1 Prise Salz
1/2 TL Natron
1 TL gemahlener Zimt
1/2 TL gemahlener Koriander
1/2 TL gemahlene Muskatnuss
1/4 TL gemahlene Nelken
2 EL brauner Rum

1 2 Backbleche leicht einfetten.

2 Butter und Zucker in einer Schüssel schaumig schlagen.

3 Mehl, Salz, Natron, Zimt, Koriander, Muskatnuss und Nelken in die Buttermischung sieben und alles gut verrühren.

4 Den Rum zugießen und unterrühren.

5 Mit 2 Teelöffeln etwa 24 kleine Teighäufchen aus der so entstandenen Mischung formen und auf die Backbleche legen. Jeweils 7 cm Abstand zwischen den einzelnen Teighäufchen lassen und diese mit einem der Löffel etwas flach drücken.

6 Die Teighäufchen in einem auf 180 °C vorgeheizten Ofen 10–12 Minuten goldbraun backen.

7 Die fertigen Plätzchen vor dem Servieren auf einem Rost eine Zeit lang abkühlen lassen.

TIPP

Die Plätzchen können auch mit der Rückseite einer Gabel flach gedrückt werden.

2

3

5

Zimtschnitten

Ergibt 12 Schnitten

ZUTATEN

- 250 g weiche Butter
- 250 g feiner Zucker
- 3 Eier, verquirlt
- 250 g Mehl
- 2½ TL Backpulver
- ½ TL Natron
- 1 EL gemahlener Zimt
- 150 ml saure Sahne
- 100 g Sonnenblumenkerne

1 Eine Backform mit einer Seitenlänge von 24 cm einfetten und den Boden mit Backpapier auslegen.

2 Butter und Zucker in einer großen Schüssel schaumig schlagen.

3 Nach und nach die Eier zugeben und jeweils gründlich mit der Buttermischung verquirlen.

4 Mehl, Backpulver, Natron und Zimt in die Butter-Ei-Mischung sieben und mit einem Metalllöffel vorsichtig unterheben.

5 Saure Sahne und Sonnenblumenkerne zufügen und ebenfalls gut unterrühren.

6 Den Teig in die vorbereitete Form geben und mit der Rückseite eines Löffels oder Messers glatt streichen.

7 Den Teig in einem auf 180 °C vorgeheizten Ofen 45 Minuten backen, bis er fest geworden ist.

8 Die Teigränder mit einem stumpfen Messer von der Form lösen und den Teig auf einem Rost auskühlen lassen. Vor dem Servieren in 12 Stücke schneiden.

TIPP

Die feuchten Schnitten lassen sich gut einfrieren und sind dann etwa 1 Monat haltbar.

Ingwerplätzchen

Ergibt 30 Plätzchen

ZUTATEN

350 g Mehl
3½ TL Backpulver
1 Prise Salz
200 g feiner Zucker
1 TL gemahlener Ingwer
1 TL Natron
125 g Butter
75 g heller Sirup
1 Ei, verquirlt
1 TL abgeriebene Orangenschale

1 Mehrere Backbleche leicht einfetten.

2 Mehl, Backpulver, Salz, Zucker, Ingwer und Natron in eine große Schüssel sieben.

3 Butter und Sirup bei sehr schwacher Hitze in einem Topf erwärmen, bis die Butter vollständig geschmolzen ist.

4 Die Buttermischung etwas abkühlen lassen und zu den trockenen Zutaten gießen.

5 Ei und Orangenschale zu der Mischung geben und alles gründlich vermengen.

6 Den Teig mit den Händen zu 30 gleich großen Kugeln formen.

7 Die Kugeln mit genügend Abstand auf die vorbereiteten Backbleche legen und etwas flach drücken.

8 Die so vorbereiteten Plätzchen in einem auf 160 °C vorgeheizten Ofen 15–20 Minuten backen und vor dem Servieren auf einem Rost abkühlen lassen.

VARIATION

Wer es etwas knuspriger mag, kann die Plätzchen einige Minuten länger im Ofen lassen.

Kümmelkekse

Ergibt etwa 36 Kekse

ZUTATEN

225 g Mehl
1 Prise Salz
100 g Butter, in kleinen Stückchen
225 g feiner Zucker
1 Ei, verquirlt
2 EL Kümmel
brauner Kristallzucker, zum Bestreuen (nach Belieben)

1 Mehrere Backbleche leicht einfetten.

2 Mehl und Salz in eine Schüssel sieben. Die Butter mit den Fingern darin verreiben, bis ein krümeliger Teig entsteht. Anschließend den Zucker einrühren.

3 Von dem verquirlten Ei 1 Esslöffel beiseitestellen. Den Rest zusammen mit dem Kümmel in die Mehlmischung geben und mit den anderen Zutaten zu einem glatten Teig verarbeiten.

4 Den Teig auf einer leicht bemehlten Arbeitsfläche dünn ausrollen und 36 runde Kekse mit einem Durchmesser von 6 cm daraus ausstechen.

5 Die Kekse auf die vorbereiteten Bleche legen, mit dem beiseitegestellten Ei bestreichen, mit Kristallzucker bestreuen und in einem auf 160 °C vorgeheizten Ofen 15 Minuten goldbraun und knusprig backen.

6 Die fertigen Kekse auf einem Rost abkühlen lassen und in einem luftdicht verschließbaren Behälter aufbewahren.

VARIATION

Kümmel hat einen nussigen, leicht anisartigen Geschmack. Wer keinen Kümmel mag, kann stattdessen Mohn verwenden.

Erdnussbutterkekse

Ergibt 20 Kekse

ZUTATEN

125 g weiche Butter
150 g Erdnussbutter mit Stückchen
225 g Kristallzucker
1 Ei, leicht verquirlt
150 g Mehl
1/2 TL Backpulver
1 Prise Salz
75 g ungesalzene Erdnüsse, gehackt

1 2 Backbleche leicht einfetten.

2 Butter und Erdnussbutter in einer großen Schüssel vermengen.

3 Nach und nach den Zucker zugeben und gut unterrühren.

4 Langsam das Ei zufügen und gründlich untermischen.

5 Mehl, Backpulver und Salz in die Erdnussbutter-Mischung sieben.

6 Die Erdnüsse zugeben und alles zu einem weichen Teig verarbeiten. Den Teig in Frischhaltefolie einwickeln und 30 Minuten kalt stellen.

7 20 Kugeln aus dem Teig formen. Die Kugeln mit einem Abstand von 5 cm auf die vorbereiteten Bleche legen und mit der Hand etwas flach drücken.

8 Die so vorbereiteten Kekse in einem auf 190 °C vorgeheizten Ofen 15 Minuten goldbraun backen und vor dem Servieren auf einem Rost abkühlen lassen.

TIPP

Wenn man die Plätzchen vor dem Backen mit etwas braunem Kristallzucker bestreut, werden sie knuspriger und glänzen mehr.

Haselnuss-Schnitten

Ergibt 16 Schnitten

ZUTATEN

150 g Mehl
1 TL Backpulver
1 Prise Salz
100 g Butter, in kleinen Stückchen
150 g brauner Zucker
1 Ei, verquirlt
4 EL Milch
100 g Haselnüsse, halbiert
brauner Kristallzucker, zum Bestreuen (nach Belieben)

1 Eine Backform mit einer Seitenlänge von 24 cm einfetten und den Boden mit Backpapier auslegen.

2 Mehl, Backpulver und Salz in eine große Schüssel sieben.

3 Die Butter mit den Fingern in der Mehlmischung verreiben, bis ein krümeliger Teig entsteht. Dann den Zucker einrühren.

4 Ei, Milch und Nüsse zugeben und gut verrühren.

5 Den Teig in die vorbereitete Form geben, glatt streichen und nach Belieben mit Kristallzucker bestreuen.

6 Den Teig in einem auf 180 °C vorgeheizten Ofen etwa 25 Minuten backen, bis er fest geworden ist. Dann 10 Minuten abkühlen lassen, aus der Form lösen und auf einem Rost ganz auskühlen lassen. Zum Servieren in kleine Quadrate schneiden.

VARIATION

Die Milch kann durch die gleiche Menge kalten, starken, schwarzen Kaffees ersetzt werden, je stärker desto besser!

Kokosriegel

Ergibt 16 Riegel

ZUTATEN

200 g Butter
200 g brauner Kristallzucker
2 EL heller Sirup

275 g Haferflocken
100 g Kokosraspel

75 g kandierte Kirschen, gehackt

1 Ein großes Backblech (30 cm x 24 cm) leicht einfetten.

2 Butter, Kristallzucker und Sirup in einem großen Topf erhitzen, bis sich der Zucker auflöst.

3 Haferflocken, Kokosraspel und kandierte Kirschen zugeben und gut mit der Zuckermischung überziehen.

4 Die Kokos-Zucker-Mischung auf das vorbereitete Backblech geben und mit einem Tortenheber andrücken.

5 Die Mischung in einem auf 170 °C vorgeheizten Ofen etwa 30 Minuten backen.

6 Aus dem Ofen nehmen und etwa 10 Minuten auf dem Blech abkühlen lassen.

7 Die abgekühlte Mischung mit einem scharfen Messer in Riegel schneiden.

8 Die fertigen Riegel auf einen Rost legen und ganz abkühlen lassen.

TIPP

In einem luftdichten Behälter gelagert sind die Riegel 1 Woche, tiefgefroren bis zu 1 Monat haltbar.

2

3

4

Müslikekse

Ergibt 10 Kekse

ZUTATEN

50 g Butter	50 g Mehl	175 g Haferflocken
125 g feiner Zucker	½ TL Salz	125 g Rosinen
1 Ei, verquirlt	½ TL Backpulver	2 EL Sesamsamen

1 2 Backbleche leicht einfetten.

2 Butter und Zucker in einer großen Schüssel schaumig schlagen.

3 Nach und nach das Ei zugeben und gut mit der Buttermischung verquirlen.

4 Mehl, Salz und Backpulver in die Mischung sieben und gut verrühren.

5 Haferflocken, Rosinen und Sesam zugeben und gut untermischen.

6 Mit einem Löffel einzelne Häufchen aus dem fertigen Teig stechen. Die Häufchen mit reichlich Abstand auf die vorbereiteten Backbleche geben und mit dem Löffel etwas flach drücken.

7 Die so vorbereiteten Kekse in einem auf 180 °C vorgeheizten Ofen 15 Minuten backen.

8 Die fertigen Kekse auf den Blechen etwas abkühlen lassen, dann auf einen Rost legen und vor dem Servieren ganz auskühlen lassen.

VARIATION

Die Rosinen durch gehackte getrocknete Aprikosen ersetzen.

TIPP

Diese Kekse bleiben in einem luftdicht verschließbaren Behälter besonders lange frisch.

Rosmarinplätzchen

Ergibt etwa 25 Plätzchen

ZUTATEN

50 g weiche Butter
4 EL feiner Zucker
abgeriebene Schale von 1 Zitrone
4 EL Zitronensaft
1 Ei, getrennt
2 TL frischer, fein gehackter Rosmarin
200 g Mehl, gesiebt
Zucker, zum Bestreuen (nach Belieben)

1 2 Backbleche leicht einfetten.

2 Butter und Zucker in einer großen Schüssel schaumig schlagen.

3 Erst Zitronenschale und -saft, dann das Eigelb zugeben. Alles gründlich verquirlen. Dann den Rosmarin einrühren.

4 Mehl zugeben und alles zu einem glatten Teig verarbeiten. Den Teig in Frischhaltefolie einwickeln und 30 Minuten kalt stellen.

5 Den Teig auf einer leicht bemehlten Arbeitsfläche dünn ausrollen. Etwa 25 runde Plätzchen mit einem Durchmesser von 6 cm daraus ausstechen und auf die vorbereiteten Backbleche legen.

6 Das Eiweiß in einer Schüssel leicht verschlagen und vorsichtig auf die Plätzchen streichen. Nach Belieben etwas Zucker darüberstreuen.

7 Die Plätzchen in einem auf 180 °C vorgeheizten Ofen etwa 15 Minuten backen. Dann auf einen Rost legen und vor dem Servieren abkühlen lassen.

VARIATION

Der frische Rosmarin kann durch 1 1/2 Teelöffel getrockneten Rosmarin ersetzt werden.

Zitrusmonde

Ergibt etwa 25 Stück

ZUTATEN

- 100 g weiche Butter
- 75 g feiner Zucker
- 1 Ei, getrennt
- 200 g Mehl, gesiebt
- abgeriebene Schale von 1 Orange
- abgeriebene Schale von 1 Zitrone
- abgeriebene Schale von 1 Limone
- 2–3 EL Orangensaft
- feiner Zucker, zum Bestreuen (nach Belieben)

1 2 Backbleche leicht einfetten.

2 Butter und Zucker in einer Schüssel schaumig schlagen. Dann nach und nach das Eigelb untermischen.

3 Mehl zugeben und gut unterrühren. Die Zitrusschalen einrühren und alles mit reichlich Orangensaft zu einem glatten Teig verarbeiten.

4 Den Teig auf einer leicht bemehlten Arbeitsfläche ausrollen. Kreise mit einem Durchmesser von $7\frac{1}{2}$ cm daraus ausstechen. Etwa ein Viertel des Teigs von diesen Kreisen abstechen, sodass kleine Halbmonde entstehen. Die abgestochenen Reste erneut ausrollen und verarbeiten, bis etwa 25 Monde entstanden sind.

5 Die Monde auf die vorbereiteten Backbleche legen und mit einer Gabel einstechen.

6 Das Eiweiß in einer Schüssel leicht verschlagen und die Monde damit bestreichen. Nach Belieben etwas Zucker darüberstreuen.

7 Die Monde in einem auf 200 °C vorgeheizten Ofen 12–15 Minuten backen und vor dem Servieren abkühlen lassen.

TIPP

Die Monde sind tiefgefroren bis zu 1 Monat haltbar.

Zitronenplätzchen

Ergibt etwa 50 Plätzchen

ZUTATEN

100 g weiche Butter
125 g feiner Zucker
abgeriebene Schale von
1 Zitrone
1 Ei, verquirlt
4 EL Zitronensaft
350 g Mehl
1 TL Backpulver
1 EL Milch
Puderzucker, zum Bestäuben

1 Mehrere Backbleche leicht einfetten.

2 Butter, Zucker und Zitronenschale in einer Schüssel schaumig schlagen.

3 Nach und nach das Ei und den Zitronensaft zugeben und gut mit den anderen Zutaten mischen.

4 Mehl und Backpulver in die Mischung sieben und gut unterrühren. Die Milch zugießen und alles zu einem glatten Teig verarbeiten.

5 Den Teig auf eine leicht bemehlte Arbeitsfläche legen und in etwa 50 gleich große Stücke teilen.

6 Jedes Stück von Hand zu einem Strang rollen und zu einem „S“ formen.

7 Die so enstandenen Zitronenplätzchen auf die vorbereiteten Bleche legen und in einem auf 170 °C vorgeheizten Ofen 15–20 Minuten backen. Auf einem Rost abkühlen lassen und vor dem Servieren mit Puderzucker bestäuben.

VARIATION

Diese Plätzchen können auch anders geformt werden – zu Buchstaben, geometrischen Figuren oder einfach zu Kreisen.

2

4

6

Schokoladen-Zitronen-Wirbel

Ergibt etwa 40 Stück

ZUTATEN

175 g Butter
300 g feiner Zucker
1 Ei, verquirlt
350 g Mehl
25 g Zartbitterschokolade, geschmolzen und etwas abgekühlt
abgeriebene Schale von 1 Zitrone

1 Mehrere Backbleche einfetten und mit Mehl bestäuben.

2 Butter und Zucker in einer großen Schüssel schaumig schlagen.

3 Nach und nach das Ei zugeben und gut unterrühren.

4 Das Mehl in die so entstandene Mischung sieben und alles zu einem weichen Teig verarbeiten.

5 Die Hälfte des Teigs in eine zweite Schüssel geben und mit der geschmolzenen Schokolade mischen.

6 Die Zitronenschale mit der anderen Teighälfte verquirlen.

7 Die beiden Teighälften auf einer bemehlten Arbeitsfläche zu 2 gleich großen Rechtecken ausrollen.

8 Den Zitronenteig auf den Schokoladenteig legen, beide Teige auf eine Lage Backpapier geben und mithilfe des Papiers fest zusammenrollen. Die so entstandene Rolle in den Kühlschrank legen und abkühlen lassen.

9 Die abgekühlte Rolle in etwa 40 Scheiben schneiden. Die Scheiben auf die vorbereiteten Backbleche legen und in einem auf 190 °C vorgeheizten Ofen 10–12 Minuten goldbraun backen. Vor dem Servieren auf einem Rost vollständig abkühlen lassen.

Kekse mit weißer Schokolade

Ergibt etwa 24 Kekse

ZUTATEN

125 g weiche Butter
125 g brauner Zucker
1 Ei, verquirlt
200 g Mehl
2 TL Backpulver
1 Prise Salz
125 g weiße Schokolade, grob gehackt
50 g Paranüsse, gehackt

1 Mehrere Backbleche einfetten.

2 Butter und Zucker in einer großen Schüssel schaumig schlagen.

3 Allmählich das Ei zugeben und mit den anderen Zutaten verquirlen.

4 Mehl, Backpulver und 1 Prise Salz in die cremige Mischung sieben und alles zu einem weichen Teig verarbeiten.

5 Schokolade und Paranüsse einrühren.

6 Mithilfe eines Teelöffels etwa 24 kleine Teighäufchen aus dem fertigen Teig abstechen und auf die vorbereiteten Backbleche geben. Dabei genügend Abstand zwischen den Häufchen lassen, da sie beim Backen noch aufgehen werden.

7 Die Teighäufchen in einem auf 190 °C vorgeheizten Ofen 10–12 Minuten goldbraun backen.

8 Die fertigen Kekse auf einen Rost legen und abkühlen lassen.

VARIATION

Die weiße durch Vollmilch- oder Bitterschokolade ersetzen.

3

5

6

Traditionelles britisches Shortbread

Ergibt 8 Stück

ZUTATEN

125 g weiche Butter
40 g Kristallzucker
25 g Puderzucker
225 g Mehl
1 Prise Salz
2 TL Orangenblütenwasser
feiner Zucker, zum Bestreuen

1 Eine Springform (20 cm Ø) einfetten.

2 Butter, Zucker und Puderzucker in eine Schüssel geben und schaumig schlagen.

3 Mehl und Salz in die Zuckermischung sieben, Orangenblütenwasser zufügen und alles zu einem glatten Teig verarbeiten.

4 Den Teig auf einer leicht bemehlten Arbeitsfläche zu einem Kreis von 20 cm Durchmesser ausrollen und in die vorbereitete Springform einpassen. Mehrfach einstechen und mit einem stumpfen Messer 8 Dreiecke in die Oberfläche ritzen.

5 Den Teig in einem auf 160 °C vorgeheizten Ofen 30–35 Minuten goldbraun und knusprig backen.

6 Das fertige Shortbread mit Zucker bestreuen und entlang der eingeritzten Linien einschneiden.

7 In der Form abkühlen lassen und bis zum Verzehr in einem luftdicht verschließbaren Behälter aufbewahren.

TIPP

Wer es knuspriger mag, kann vor dem Backen 2 Esslöffel gemischte, gehackte Nüsse über den Teig streuen.

4

4

4

Millionärsschnitten

Ergibt 12 Schnitten

ZUTATEN

TEIG:
175 g Mehl
125 g Butter, in kleinen Stückchen
50 g brauner Zucker

BELAG:
50 g Butter
50 g brauner Zucker
400 g Kondensmilch
150 g Vollmilchschokolade

1 Eine Backform mit einer Seitenlänge von 24 cm einfetten.

2 Das Mehl in eine Schüssel sieben. Die Butter mit den Fingern darin verreiben, bis ein krümeliger Teig entsteht. Den Zucker zufügen und alles zu einem glatten Teig verarbeiten.

3 Den Teig in die vorbereitete Form einpassen und mit einer Gabel einstechen.

4 Den Teig in einem auf 190 °C vorgeheizten Ofen 20 Minuten goldbraun backen. Dann in der Form abkühlen lassen.

5 Für den Belag Butter, Zucker und Kondensmilch in einer beschichteten Pfanne bei schwacher Hitze unter ständigem Rühren erhitzen, bis die Mischung kocht.

6 Die Hitze reduzieren und die Mischung weitere 4–5 Minuten kochen, bis das Karamell hellbraun und dickflüssig geworden ist und sich von den Rändern der Pfanne löst. Dann auf dem Mürbeteigboden verteilen und abkühlen lassen.

7 Wenn das Karamell fest geworden ist, die Schokolade im Wasserbad schmelzen und über dem Karamell verteilen. Das Gebäck erneut abkühlen lassen und vor dem Servieren in Quadrate oder Rechtecke schneiden.

Vanilleherzen

Ergibt etwa 16 Herzen

ZUTATEN

225 g Mehl
150 g Butter, in kleinen Stückchen
125 g feiner Zucker
5 Tropfen Vanillearoma
feiner Zucker, zum Bestreuen

1 Ein Backblech leicht einfetten.

2 Das Mehl in eine große Schüssel sieben. Die Butter mit den Fingern darin verreiben, bis ein krümeliger Teig entsteht.

3 Zucker und Vanillearoma einrühren und alles von Hand zu einem festen Teig verarbeiten.

4 Den Teig auf einer leicht bemehlten Arbeitsfläche etwa $2^{1}/_{2}$ cm dick ausrollen und etwa 12 5 cm große Herzen aus dem Teig stechen.

5 Die Herzen auf das vorbereitete Backblech legen und in einem auf 180 °C vorgeheizten Ofen 15–20 Minuten goldbraun backen.

6 Die fertigen Plätzchen auf einen Rost legen, abkühlen lassen und kurz vor dem Servieren mit etwas Zucker bestreuen.

TIPP

Für selbst gemachten Vanillezucker eine frische, aufgeschlitzte Vanillestange über mehrere Wochen in einen Zuckertopf legen.

2

3

4

Sultaninos

Ergibt 8 Stück

ZUTATEN

200 g Mehl
2 TL Backpulver
100 g Butter, in kleinen Stückchen
75 g brauner Kristallzucker
100 g Sultaninen
25 g kandierte Kirschen, fein gehackt
1 Ei, verquirlt
2 EL Milch

1 Ein Backblech leicht einfetten.

2 Mehl und Backpulver in eine Schüssel sieben. Die Butter mit den Fingern darin verreiben, bis ein krümeliger Teig entsteht.

3 Zucker, Sultaninen und Kirschen zugeben.

4 Ei und Milch zufügen und alles zu einem weichen Teig verarbeiten.

5 Mit einem Löffel 8 Häufchen aus dem Teig formen und auf das vorbereitete Backblech geben, dabei genügend Abstand zwischen den Häufchen lassen, da sie beim Backen noch aufgehen werden.

6 Die Sultaninos in einem auf 200 °C vorgeheizten Ofen 15–20 Minuten backen, bis sie fest geworden sind.

7 Die fertigen Sultaninos vom Blech nehmen und entweder sehr heiß servieren oder vor dem Verzehr auf einem Rost abkühlen lassen.

TIPP

Die trockenen Zutaten im Voraus mischen und die Flüssigkeit kurz vor dem Backen zufügen.

Brownies „mit Biss"

Ergibt 12 Stück

ZUTATEN

150 g Zartbitterschokolade, grob gehackt
225 g weiche Butter
225 g Mehl
2 TL Backpulver
125 g feiner Zucker
4 Eier, verquirlt
75 g Pistazien, gehackt
100 g weiße Schokolade, grob gehackt
Puderzucker, zum Bestäuben

1 Eine Backform mit einer Seitenlänge von 24 cm leicht einfetten und mit Backpapier auslegen.

2 Zartbitterschokolade und Butter im Wasserbad schmelzen. Abkühlen lassen.

3 Mehl und Backpulver in eine Schüssel sieben und mit dem Zucker vermengen.

4 Die Eier mit der geschmolzenen Schokolade verrühren, zu der Mehlmischung gießen und gründlich verquirlen. Pistazien und weiße Schokolade unterrühren und die gesamte Mischung in die vorbereitete Form geben.

5 Den Teig in einem auf 180 °C vorgeheizten Ofen 30–35 Minuten backen. 20 Minuten in der Form abkühlen lassen, dann auf einen Rost legen.

6 Die fertigen Brownies mit Puderzucker bestäuben und in 12 Stücke schneiden.

TIPP

Die Brownies garen beim Abkühlen nach. Sie sind innen noch nicht ganz fest, wenn sie aus dem Ofen kommen.

4

4

4

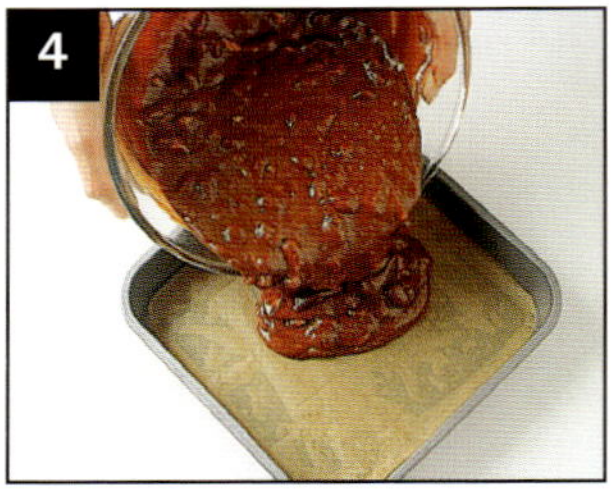

Schokoladenbiscotti

Ergibt 16 Stück

ZUTATEN

1 Ei
100 g feiner Zucker
5 Tropfen Vanillearoma
125 g Mehl
½ TL Backpulver
1 TL gemahlener Zimt
50 g Zartbitterschokolade, grob gehackt
50 g Mandelsplitter, geröstet
50 g Pinienkerne

1 Ein großes Backblech einfetten.

2 Ei, Zucker und Vanillearoma mit einem elektrischen Rührgerät schaumig schlagen – der Teig sollte in Fäden vom Quirl tropfen.

3 Mehl, Backpulver und Zimt in eine zweite Schüssel sieben, dann in die Eiermischung sieben und vorsichtig mit dieser verrühren. Zuletzt Schokolade, Mandeln und Pinienkerne einrühren.

4 Den Teig auf einer leicht bemehlten Arbeitsfläche zu einer flachen, etwa 24 cm langen und 1½ cm breiten Rolle formen. Diese auf das vorbereitete Blech legen.

5 Die Teigrolle in einem auf 180 °C vorgeheizten Ofen 20–25 Minuten goldbraun backen. Aus dem Ofen nehmen und etwa 5 Minuten abkühlen lassen.

6 Die Rolle auf ein Schneidebrett legen und mit einem Brotmesser schräg in etwa 1 cm dicke Scheiben schneiden. Diese erneut auf das Backblech legen und noch einmal 10–15 Minuten backen; nach der Hälfte der Zeit einmal wenden.

7 Die fertigen Biscotti auf dem Blech 5 Minuten abkühlen lassen, dann auf einen Rost legen und vollständig auskühlen lassen.

2

3

4

Schokoladenmakronen

Ergibt 18 Makronen

ZUTATEN

75 g Zartbitterschokolade, grob gehackt
2 Eiweiß
1 Prise Salz
200 g Zucker
125 g gemahlene Mandeln
Kokosraspel, zum Bestreuen (nach Belieben)

1 2 Backbleche einfetten und mit Backpapier auslegen.

2 Die Schokolade im Wasserbad schmelzen und etwas abkühlen lassen.

3 Das Eiweiß salzen und steif schlagen.

4 Nach und nach den Zucker in den Eischnee einrühren, dann die Mandeln und die abgekühlte Schokolade unterheben.

5 Je 1 gehäuften Teelöffel von der so entstandenen Masse abstechen, auf die vorbereiteten Backbleche geben und zu etwa 6 cm großen Plätzchen ausbreiten. Genügend Abstand zwischen den einzelnen Plätzchen lassen und diese nach Belieben mit Kokosraspeln bestreuen.

6 Die Makronen in einem auf 150 °C vorgeheizten Ofen etwa 25 Minuten backen, bis sie fest geworden sind.

7 Die fertigen Makronen auf dem Blech etwas abkühlen lassen, vorsichtig herunternehmen und vor dem Servieren auf einem Rost vollständig auskühlen lassen.

TIPP

Die fertigen Makronen innerhalb von 1 Woche verzehren.

Florentiner

Ergibt 8–10 Stück

ZUTATEN

50 g Butter
50 g feiner Zucker
25 g Mehl, gesiebt
50 g gehackte Mandeln
50 g Zitronat und Orangeat, gehackt
25 g Rosinen, gehackt
25 g kandierte Kirschen, gehackt
fein abgeriebene Schale von ½ Zitrone
125 g Zartbitterschokolade, geschmolzen

1 2 große Backbleche mit Backpapier auslegen.

2 Butter und Zucker in einem kleinen Topf erhitzen, bis die Butter geschmolzen und der Zucker aufgelöst ist. Dann den Topf vom Herd nehmen.

3 Das Mehl zugeben und alles gut durchmischen. Mandeln, Zitronat, Orangeat, Rosinen, Kirschen und Zitronenschale zugeben und ebenfalls gut unterrühren. Die fertige Mischung teelöffelweise mit genügend Abstand auf die vorbereiteten Bleche geben.

4 Die Teighäufchen in einem auf 180 °C vorgeheizten Ofen etwa 10 Minuten goldbraun backen.

5 Sobald das Gebäck aus dem Ofen kommt, die Ränder der Florentiner mit einem Kuchenmesser gerade richten. Auf dem Blech abkühlen lassen, bis sie fest geworden sind, dann auf einem Rost vollständig auskühlen lassen.

6 Die Schokolade auf die glatte Seite der Florentiner streichen und abkühlen lassen. Kurz bevor die Schokolade fest wird, mit einer Gabel ein Wellenmuster hineinzeichnen.

Meringen

Ergibt etwa 14 Stück

ZUTATEN

4 Eiweiß
1 Prise Salz
125 g Kristallzucker
125 g feiner Zucker
300 ml Sahne, leicht geschlagen

1 3 Backbleche mit Backpapier auslegen.

2 Das Eiweiß salzen und in einer großen, sauberen Schüssel mit einem elektrischen Rührgerät steif schlagen – man muss die Schüssel auf den Kopf drehen können, ohne dass sich das Eiweiß bewegt.

3 Nach und nach den Kristallzucker in den Eischnee rühren, bis dieser leicht glänzt.

4 Dann nach und nach den feinen Zucker einstreuen. Die Masse weiter schlagen, bis der gesamte Zucker verarbeitet ist und der Eischnee hohe, feste Spitzen bildet.

5 Die Eischneemischung in einen Spritzbeutel mit einer 2-cm-Sterntülle füllen und etwa 24 kleine Häufchen auf die vorbereiteten Backbleche spritzen.

6 Die Eischneehäufchen in einem auf 120 °C vorgeheizten Ofen etwa 1½ Stunden backen, bis sie leicht braun sind und sich gut vom Papier lösen. Über Nacht im ausgeschalteten Ofen abkühlen lassen.

7 Kurz vor dem Servieren jeweils 2 der fertigen Meringen mit einem Klacks Sahne in der Mitte zusammendrücken und auf einem Servierteller anrichten.

VARIATION

Die Meringen werden zarter, wenn man nur feinen Zucker verwendet.

Register

Ananaskuchen, Gestürzter 152
Äpfel: Apfelbrötchen 204
Apfelkuchen mit Cidre 188
Apfelküsse 202
Evas Apfelauflauf 8
Gewürzter Apfelkranz 190
Tarte Tatin 32
Warmer Apfel-Käse-Kuchen 30
Warmer Apfel-Mincemeat-Kuchen 36
Aprikosen: Aprikosen-Preiselbeer-Kuchen 50
Aprikosenschnitten 148
Aprikosenschnitten mit Schokolade 172
Dattel-Aprikosen-Kuchen 154

Bananen: Bananen-Dattel-Brot 72
Orangen-Bananen-Preiselbeerbrot 70
Birnen: Birnenauflauf 156
Birnennester 56
Schokoladen-Birnen-Biskuit 164
Biskuit ohne Ei 158
Brombeerauflauf 16
Brotauflauf 12
Brötchen 100, 104, 108, 202–206
Brote 63–104, 146
Brownies „mit Biss“ 246

Chili-Mais-Brot 92
Crème-brûlée-Törtchen 58
Currykekse 112

Datteln: Bananen-Dattel-Brot 72
Dattel-Aprikosen-Kuchen 154
Dattel-Honig-Brot 76

Erdnussbutterkekse 220
Evas Apfelauflauf 8

Florentiner 252
Früchtebeutel 26
Früchtekuchen, Knuspriger 174
Früchtekuchen ohne Zucker 196

Gewürzbrot 90
Gewürzplätzchen 212

Haferflocken: Kokosriegel 224
Müslikekse 226
Haselnuss-Schnitten 222
Himbeertürmchen 18

Ingwerbrot 200
Ingwerplätzchen 216

Joghurtbrot 88

Kartoffeln:
Kartoffeln in Blätterteig 120
Käse-Kartoffel-Brot 94
Käse:Käseauflauf 114
Käse-Kartoffel-Brot 94
Käse-Schinken-Brot 96
Käse-Schnittlauch-Brot 98
Käse-Senf-Brötchen 108
Käsetaler 110
Käse-Zwiebel-Küchlein 134
Käse-Zwiebel-Pasteten 116
Spargel-Ziegenkäse-Kuchen 128
Warmer Apfel-Käse-Kuchen 30
Käsekuchen mit Pinienkernen 46
Kirschbrötchen 206
Klementinenkuchen 168
Knoblauchbrötchen 100
Knoblauch-Salbei-Ring 146
Kokosnuss: Kokoscremekuchen 44
Kokosnusskuchen 186
Kokosriegel 224
Königinnen-Dessert 10
Kuchen 28–52,162–198
Kümmelkekse 218
Kümmelkuchen 166
Kürbisbrot 78

Limonen-Mandel-Törtchen 60
Linsen-Paprika-Kuchen 144

Mandeln: Limonen-Mandel-Törtchen 60
Mandelkuchen 198
Mandelkuchen mit weißer Schokolade 52
Mandelstreusel mit Kaffee-Aroma 194
Mangozopf 84
Marmorkuchen 192
Meringen 254
Millionärsschnitten 240
Mincemeat: Mincemeat-Trauben-Tasche 54
Warmer Apfel-Mincemeat-Kuchen 36
Mini-Focaccia 102
Möhrenkuchen 180
Müslikekse 226

Nusskuchen 48

Obststreusel 28
Olivenkuchen, Nussig-fruchtiger 162
Orangen: Orangen-Bananen-Preiselbeerbrot 70
Orangen-Gugelhupf 184
Orangenkuchen 42
Zitrusmonde 230

Paprika: Linsen-Paprika-Kuchen 144
Tarte Provençale 124
Paranusskuchen mit Champignons 142
Pavlova 20
Pflaumen:Obststreusel 28
Pflaumennockerln 14
Pissaladière 132
Plätzchen 110–12, 211–52
Preiselbeeren: Aprikosen-Preiselbeer-Kuchen 50
Orangen-Bananen-Preiselbeerbrot 70
Preiselbeer-Muffins 208

Rosinenschnecken 66
Rosmarinplätzchen 228

Sahnekuchen 38
Samosas 140
Schinken: Käse-Schinken-Brot 96
Schinken-Käse-Taschen 136
Schneckenkranz 74
Schokolade: Aprikosenschnitten mit Schokolade 172
Brownies „mit Biss“ 246
Feuchte Schokotörtchen 22
Florentiner 192
Kekse mit weißer Schokolade 236
Mandelkuchen mit weißer Schokolade 52
Marmorkuchen 192
Schokoladen-Birnen-Biskuit 164
Schokoladenbiscotti 248
Schokoladenbrot 86
Schokoladenmakronen 250
Schokoladen-Mandel-Kuchen 178
Schokoladenschnitten 176
Schokoladen-Zitronen-Wirbel 234
Schokorolle 24
Sellerie-Zwiebel-Pasteten 126
Shortbread, Traditionelles britisches 238
Sirup-Sahne-Kuchen 34
Spargel-Ziegenkäse-Kuchen 128
Sultaninos 244

Tarte Provençale 124
Teacakes 64
Thymianhörnchen 106
Tofukuchen 150
Tomatenbrötchen 104
Tomatenschiffchen 122
Tropisches Früchtebrot 80

Vanilleherzen 242

Zimt: Korinthenbrot mit Zimt 68
Rosinenschnecken 66
Zimtschnitten 214
Zitronen: Schokoladen-Zitronen-Wirbel 234
Zitronenkuchen 40
Zitronenkuchen mit Sirup 182
Zitronenplätzchen 232
Zitrusbrot 82
Zitrusmonde 230
Zwiebeln: Käse-Zwiebel-Pasteten 116
Kleine Käse-Zwiebel-Küchlein 134
Pissaladière 132
Sellerie-Zwiebel-Pasteten 126
Tarte Tatin mit roten Zwiebeln 118
Zwiebelkuchen 130